DISCLAIMER

The author and publisher are providing this book and its contents on an "as is" basis and make no representations or warranties of any kind with respect to this book or its contents. The author and publisher disclaim all such representations and warranties, including but not limited to warranties of merchantability. In addition, the author and publisher do not represent or warrant that the information accessible via this book is accurate, complete, or current.

Except as specifically stated in this book, neither the author nor publisher, nor any authors, contributors, or other representatives will be liable for damages arising out of or in connection with the use of this book. This is a comprehensive limitation of liability that applies to all damages of any kind, including (without limitation) compensatory; direct, indirect, or consequential damages; loss of data, income, or profit; loss of or damage to property; and claims of third parties.

Copyright © 2022 LINGUAS CLASSICS

BESTACTIVITYBOOKS.COM

All rights reserved. No part of this book may be reproduced or used in any manner without the written permission of the copyright owner except for the use of quotations in a book review.

FIRST EDITION - Published 2022

Extra Graphic Material From: www.freepik.com
Thanks to: alekksall, Starline, Pch.vector, Rawpixel.com, Vectorpocket, Dgim-studio, Upklyak, Macrovector, Stockgiu, Pikisuperstar & Freepik.com Designers

This Book Comes With Free Bonus Puzzles
Available Here:

BestActivityBooks.com/WSBONUS20

5 TIPS TO START!

1) HOW TO SOLVE

The Puzzles are in a Classic Format:

- Words are hidden without breaks (no spaces, dashes, ...)
- Orientation: Forward & Backward, Up & Down or in Diagonal (can be in both directions)
- Words can overlap or cross each other

2) ACTIVE LEARNING

To encourage learning actively, a space is provided next to each word to write down the translation. The **DICTIONARY** allows you to verify and expand your knowledge. You can look up and write down each translation, find the words in the Puzzle then add them to your vocabulary!

3) TAG YOUR WORDS

Have you tried using a tag system? For example, you could mark the words which have been difficult to find with a cross, the ones you loved with a star, new words with a triangle, rare words with a diamond and so on...

4) ORGANIZE YOUR LEARNING

We also offer a convenient **NOTEBOOK** at the end of this edition. Whether on vacation, travelling or at home, you can easily organize your new knowledge without needing a second notebook!

5) FINISHED?

Go to the bonus section: **MONSTER CHALLENGE** to find a free game offered at the end of this edition!

Want more fun and learning activities? It's **Fast and Simple!**
An entire Game Book Collection just **one click away!**

Find your next challenge at:

BestActivityBooks.com/MyNextWordSearch

Ready, Set... Go!

Did you know there are around 7,000 different languages in the world? Words are precious.

We love languages and have been working hard to make the highest quality books for you. Our ingredients?

A selection of indispensable learning themes, three big slices of fun, then we add a spoonful of difficult words and a pinch of rare ones. We serve them up with care and a maximum of delight so you can solve the best word games and have fun learning!

Your feedback is essential. You can be an active participant in the success of this book by leaving us a review. Tell us what you liked most in this edition!

Here is a short link which will take you to your order page.

BestBooksActivity.com/Review50

Thanks for your help and enjoy the Game!

Linguas Classics Team

1 - Food #1

```
F I E U S A L S V P J Z E T
P I N D A J V J O P I A S J
K R O A P O P B C O N A A I
D F A W V W Q A U E O R L P
A B R I K O O S I S B D A S
W Q R G U R K I U P N B D O
R V A E C T N L H I Z E E E
K T V R I E O I X N K I A P
P A B S T L F C B A E E C O
S Z N T R J L U E Z M C R V
R L V E O S O M Q I R A A P
Q O A M E A O P E E R X L P
V C V D N L K A R L Y A N U
Z O U T O N I J N D K A L L
```

ABRIKOOS
GERST
BASILICUM
WORTEL
KANEEL
KNOFLOOK
SAP
CITROEN
MELK
UI

PINDA
PEER
SALADE
ZOUT
SOEP
SPINAZIE
AARDBEI
SUIKER
TONIJN
RAAP

2 - Castles

```
V G Q M F K S G E E X X S K
T R N D D A P L F D N E Z M
P T S K H T I P A L E I S K
Z E D R A A K U W M F L G O
T Q C O R P R I D D E R E N
O O P O N U Y Z K Y O Q Z I
Z F R N A L A W E N D D H N
U L I E S T D A P A A R D K
B H N W N N V A R S A X U R
O X S U R A H R I T L R M I
U K F Q D I N D N I P F U J
S C H I L D J L S E C L U K
X D R F T F G K E R K E R Z
E E N H O O R N S H P J E A
```

HARNAS	RIDDER
KATAPULT	EDELE
KROON	PALEIS
DRAAK	PRINS
KERKER	PRINSES
DYNASTIE	SCHILD
RIJK	ZWAARD
FEODAAL	TOREN
PAARD	EENHOORN
KONINKRIJK	MUUR

3 - Exploration

```
K A G H B I W O N K N T O O
V O N T D E K K I N G A P N
S G S Z F X P U Z L H A W B
L E R E N K J A U G X L I E
W S N I E U W H L C H R N K
G E V A R E N K O I H K D E
U I T P U T T I N G N I I N
R E I S F G L W M D T G N D
C U L T U R E N O I E W G U
V F I U H R O X E E R I A T
W E P M H M L A D R R L E Z
Y V R A T I Y V Y E E D J P
Y T G O T E I K Z N I W B T
A C T I V I T E I T N K K M
```

ACTIVITEIT
DIEREN
MOED
CULTUREN
BEPALING
ONTDEKKING
VER
OPWINDING
UITPUTTING

GEVAREN
TAAL
NIEUW
RUIMTE
TERREIN
LEREN
REIS
ONBEKEND
WILD

4 - Measurements

```
G K I L O M E T E R A W G G
R S L Q G L V M I N U U T R
A N S P E I O M Z L G G L A
M E X G P T L A I E V Z I A
H O O G T E U S I N C H D D
A K O R G R M S O G F B I E
S O I R T E E A N T U R E C
T J K L Q Y W O S E K E P I
B Y T E O K F I H T T E T M
N K P K W G H M C X O D E A
M Z S Y F V R G E H N T S A
Z M V A W E K A D T T E W L
J P L P K R T M M U E J W W
C E N T I M E T E R R R T C
```

BYTE
CENTIMETER
DECIMAAL
GRAAD
DIEPTE
GRAM
HOOGTE
INCH
KILOGRAM
KILOMETER

LENGTE
LITER
MASSA
METER
MINUUT
ONS
TON
VOLUME
GEWICHT
BREEDTE

5 - Farm #2

```
S F T P X Z L A M A G E D T
G E R S T M F A Z B O K I R
I W A U X A S G M E L K E S
R S C P I A C R R B X D R J
R C T F P T H P W O W X E D
I H O H D U A Y I E E N D
G U R U Z F A Y N R I N L O
A U G Q Z E P Z D N D U T H
T R F C C J T O M X E F H E
I T A R W E L F O I A M Z R
E V O E D S E L L I W P R D
W J S H X A R Z E W C D U E
L R I D M Y W R N F W T K R
M A Ï S B O O M G A A R D K
```

DIEREN
GERST
SCHUUR
MAÏS
EEND
BOER
VOEDSEL
FRUIT
IRRIGATIE
LAM

LAMA
WEIDE
MELK
BOOMGAARD
SCHAAP
HERDER
TRACTOR
GROENTE
TARWE
WINDMOLEN

6 - Books

```
T L B C R E L E V A N T H N
R I L P O Ë Z I E Y A Q U C
A T A E M L G W G B U A M D
G E D P A V L X J U T J O U
I R Z I N K E E V W E V R A
S A I S F J Z R C O U E I L
C I J C W C F K H T R R S I
H R D H Q I B L Q A I T T T
U Q E G E D I C H T A E I E
H I S T O R I S C H L L S I
I N V E N T I E F U E L C T
C O N T E X T Q J Z Z E H B
A V O N T U U R P I E R D O
G E S C H R E V E N R Y A H
```

AVONTUUR
AUTEUR
COLLECTIE
CONTEXT
DUALITEIT
EPISCH
HISTORISCH
HUMORISTISCH
INVENTIEF
LITERAIR

VERTELLER
ROMAN
BLADZIJDE
GEDICHT
POËZIE
LEZER
RELEVANT
VERHAAL
TRAGISCH
GESCHREVEN

7 - Meditation

A	B	I	Q	Y	W	M	E	N	T	A	A	L	S
B	E	W	E	G	I	N	G	C	J	A	G	W	T
G	E	D	A	C	H	T	E	N	T	N	E	A	I
A	M	F	Y	C	P	J	W	P	G	V	L	K	L
Z	E	E	M	O	T	I	E	S	F	A	U	K	T
A	D	E	M	H	A	L	I	N	G	A	K	E	E
L	E	A	E	E	K	C	M	R	R	R	N	R	G
B	D	Z	D	Y	U	A	V	I	A	D	A	X	E
P	O	L	E	R	E	N	L	H	L	I	T	M	E
G	G	H	J	V	T	S	J	M	A	N	U	U	S
H	E	L	D	E	R	H	E	I	D	G	U	Z	T
N	N	V	V	Q	F	E	K	M	X	A	R	I	E
X	Y	G	N	O	P	E	D	H	Y	E	Z	E	E
A	A	N	D	A	C	H	T	E	W	J	A	K	T

AANVAARDING MENTAAL
AANDACHT GEEST
WAKKER BEWEGING
ADEMHALING MUZIEK
KALM NATUUR
HELDERHEID VREDE
MEDEDOGEN STILTE
EMOTIES GEDACHTEN
GELUK LEREN

8 - Days and Months

```
S F J A N U A R I A Z M N M
W E E K L M L H W C A A O A
L M P B D D B U O D T A V A
Q U V T R U W J M C E N E N
Z V E U E U Y A R W R D M D
Y O P I E M A A R T D A B W
Z O N D A G B R R G A G E F
O K T O B E R E I G G Z R G
Z J V L J A A E R J X V Z A
M A U G U S T U S A P R I L
G K A L E N D E R Q J T N J
F O Z R I D O N D E R D A G
W O E N S D A G Z V M D X I
V R I J D A G D I N S D A G
```

APRIL
AUGUSTUS
KALENDER
FEBRUARI
VRIJDAG
JANUARI
JULI
MAART
MAANDAG
MAAND

NOVEMBER
OKTOBER
ZATERDAG
SEPTEMBER
ZONDAG
DONDERDAG
DINSDAG
WOENSDAG
WEEK
JAAR

9 - Chess

```
R E G L E M E N T T P S J P
T H Y M S P E L I P C T J P
P A S S I E F O J W E R E G
O U Y O G V S F D E M A D B
K F R R C A X O K D B T I Z
W O F X U K K B O S J E A H
I G Y E G A U O Y T J G G K
T G Q G R M V Z N R O I O O
P Z S D S P D Y F I I E N N
Z U S E P I P I I J N C A I
W K N R E O S L Q D B G A N
A Q F T L E R E N O Q X L G
R T E G E N S T A N D E R I
T T O E R N O O I S L I M N
```

ZWART
KAMPIOEN
SLIM
WEDSTRIJD
DIAGONAAL
SPEL
KONING
TEGENSTANDER
PASSIEF
SPELER
PUNTEN
KONINGIN
REGLEMENT
OFFER
STRATEGIE
TIJD
LEREN
TOERNOOI
WIT

10 - Food #2

```
D G F U X C S N V F D S B P
U R A U B E R G I N E E R A
L A U E I Y T Z S H H Y O D
T U Y I O Y O G H U R T C D
K I P P F M M Z K E R S C E
C H O C O L A D E H I A O S
A X G F K T A Q Q A J P L T
R P Z B G A T M K M S P I O
T O F I F R A K K I T E L E
I U W C J W T S B M W L P L
S N H D R E O V N O V I G J
J S E L D E R I J Q S G N P
O B A N A A N E B G E O P T
K Z H M Q S E C Z V S L G F
```

APPEL
ARTISJOK
BANAAN
BROCCOLI
SELDERIJ
KAAS
KERS
KIP
CHOCOLADE
EI
AUBERGINE
VIS
DRUIF
HAM
KIWI
PADDESTOEL
RIJST
TOMAAT
TARWE
YOGHURT

11 - Family

```
M A N L R J B G Y F H W K O
V O P V Q E V R O U W K L S
O A E A N U H O O M J S E J
O U D D X G G O P M O N I W
R W C E E D R T O A K I N D
O F I R R R E M T E Z C K E
U U K L Y T S O G D S H I S
D B U I A L U E U O A T N K
E B A J F U P D Q C L O D Z
R H J K X S I E Y H A U E J
B R O E R S L R O T A N T E
V R C U E C U N N E E F L Q
K L E I N Z O O N R F Z J C
K I N D E R E N Z U S N I Y
```

VOOROUDER
TANTE
BROER
KIND
JEUGD
KINDEREN
DOCHTER
VADER
KLEINKIND
OPA

GROOTMOEDER
KLEINZOON
MAN
MOEDER
NEEF
NICHT
VADERLIJK
ZUS
OOM
VROUW

12 - Farm #1

```
Z H J Q V F R L I K P L E Y
V V P A A R D I X A A A Z D
T F O C R V I L J T Y N E M
S O J O M Q O K M S P D L H
L Z W K H H O O I O T B Q E
R X W K Z O J X X M S O C K
E V T U Z N N B Z O L U V I
Z B C Y D D Y I L U Z W W P
E C N R R F V Z N Y O B A J
W F K B I J K O E G R U T X
B T Z A D E N N M E S T E E
G W V E L D A C L I D I R Y
Y F W X I F K C C T H O Z J
M S Q E K Z B A K R A A I T
```

LANDBOUW	HEK
BIJ	MEST
BIZON	VELD
KALF	GEIT
KAT	HOOI
KIP	HONING
KOE	PAARD
KRAAI	RIJST
HOND	ZADEN
EZEL	WATER

13 - Camping

H	U	V	I	V	E	C	O	N	Q	L	C	K	F
G	Q	E	U	K	L	U	F	A	G	V	B	O	S
J	S	V	W	H	A	N	G	M	A	T	E	M	N
V	D	U	G	O	K	A	A	R	T	H	R	P	Y
J	F	P	L	E	Z	I	E	R	B	Y	G	A	D
M	A	A	N	D	X	G	M	H	R	R	N	S	M
A	I	C	A	B	I	N	E	N	A	T	U	U	R
T	I	N	H	G	P	T	E	R	N	T	E	N	T
V	O	S	S	T	T	H	R	S	D	H	I	Q	K
R	L	U	A	E	A	V	O	N	T	U	U	R	A
P	K	K	W	H	C	X	D	I	E	R	E	N	N
B	O	M	E	N	B	T	P	O	V	P	V	M	O
C	E	H	L	M	I	L	X	F	L	A	A	X	L
I	X	N	U	Y	V	P	S	I	T	I	F	T	U

AVONTUUR
DIEREN
CABINE
KANO
KOMPAS
BRAND
BOS
PLEZIER
HANGMAT
HOED

JACHT
INSECT
MEER
KAART
MAAN
BERG
NATUUR
TOUW
TENT
BOMEN

14 - Conservation

```
G V R I J W I L L I G E R C
V E R M I N D E R E N W T H
N E Z E C O S Y S T E E M E
A Y R O K L I M A A T I F M
T R W A N D U U R Z A A M I
U E A W N D F I E T S Z S C
U C T C B D H A B I T A T A
R Y E N M H E E G R O E N L
L C R C A P M R I R N Z B I
I L P E S T I C I D E O W Ë
J E X C Z W L N I N Q R E N
K R F O B X I L T U G G V C
V E M X R L E V T G C E I O
J N V E R V U I L I N G N F
```

VERANDERINGEN
CHEMICALIËN
KLIMAAT
ZORG
FIETS
ECOSYSTEEM
MILIEU
GROEN
HABITAT

GEZONDHEID
NATUURLIJK
PESTICIDE
VERVUILING
RECYCLEREN
VERMINDEREN
DUURZAAM
VRIJWILLIGER
WATER

15 - Cats

```
O L K G T L S A I L B N G C
N K L E V V T D C D X R E Q
A L A S P E E L S X B W K N
F E U G A R E N N B Z D W I
H I W S Z J I L E E Z H D E
A N T V L G A C L T S T I U
N N G B Y A R G D E I V F W
K F P O O T A A E W M E V S
E Z G N O V R P P R E R U G
L H R T W M J F R P W L U I
I O A R A N N K Z S I E F E
J M U I S T A A R T L G Z R
K X L N Y A N P A Q D E Z I
F Y F F N C W N T F C N I G
```

KLAUW
GEK
NIEUWSGIERIG
SNEL
GRAPPIG
BONT
JAGER
ONAFHANKELIJK
KLEIN

MUIS
POOT
SPEELS
VERLEGEN
SLAAP
STAART
WILD
GAREN

16 - Numbers

```
I N K K V E E R T I E N T D
V I J F T I E N Z Z S N P E
T R M A F T E E N E M N Z C
X S V L C T W E E V Q E J I
D N X A C H T I W E F S I M
Z E V E N W T U N N C L U A
X J L H T X B T U T T Z N A
D E R T I E N Z I I I X T L
N E G E N R I E P E E G W P
I G N V H V X S G N N U A Z
D Z I I W I V T F E R O A E
R K V G H J C I P T C O L S
I S H Y T F B E E S G H F K
E A I P Y I W N P R C J P Q
```

DECIMAAL
ACHT
ACHTTIEN
VIJFTIEN
VIJF
VIER
VEERTIEN
NEGEN
EEN
ZEVEN

ZEVENTIEN
ZES
ZESTIEN
TIEN
DERTIEN
DRIE
TWAALF
TWINTIG
TWEE

17 - Spices

```
A I K Y R X X R T K I K N
Z N U I H K H X R F X P R O
S B I T T E R B D U X A U O
P H C J V E N K E L I P I T
F K A E S K O M I J N R D M
U E S A F F R A A N S I N U
K R N Y T S Z O E T M K A S
Z R H E S K O F T D A A G K
P I T P G S U A A N A N E A
G E M B E R T A W M K K L A
H G J K O R I A N D E R N T
N V A N I L L E S B Z P Y S
K N O F L O O K K A N E E L
K A R D E M O M Y X L G G J
```

ANIJS
BITTER
KARDEMOM
KANEEL
KRUIDNAGEL
KORIANDER
KOMIJN
KERRIE
VENKEL
FENEGRIEK

SMAAK
KNOFLOOK
GEMBER
NOOTMUSKAAT
UI
PAPRIKA
SAFFRAAN
ZOUT
ZOET
VANILLE

18 - Mammals

```
S U J I E T H K F I B K D Y
T C V O S I X T K X E A O O
I A H K O N I J N B V T L C
E O K A N G O E R O E B F O
R K X O A N V G V H R E I Y
P W H G R P F A H O L E J O
N B O W A L V I S N S R N T
A T B L E E U W S D K H U E
I F G B F M R G O R I L L A
O L I F A N T I A P M Y L U
L C N X G Y V R A W A K W T
T B B Z D I Q A P R K A O U
E O A J S Z V F K T Y R R J
Q R C L Z E B R A N V M F D
```

BEER	GORILLA
BEVER	PAARD
STIER	KANGOEROE
KAT	LEEUW
COYOTE	AAP
HOND	KONIJN
DOLFIJN	SCHAAP
OLIFANT	WALVIS
VOS	WOLF
GIRAF	ZEBRA

19 - Fishing

M	F	A	K	A	C	V	L	A	X	B	M	A	T
W	Z	D	I	P	F	W	I	K	J	Y	O	U	F
A	J	V	E	P	F	M	J	N	E	B	U	O	M
T	A	W	U	A	R	Y	X	E	N	M	G	I	T
E	K	G	W	R	Z	V	X	S	C	E	Z	M	L
R	H	L	E	A	U	X	S	G	J	E	N	A	G
M	P	H	N	T	G	S	B	E	D	R	K	N	F
K	A	A	K	U	V	E	M	W	G	L	M	D	K
S	U	A	O	U	R	I	V	I	E	R	Q	S	L
I	T	K	K	R	T	Z	S	C	D	P	Z	L	F
L	J	R	B	I	W	O	J	H	U	Q	P	B	X
J	L	L	A	G	V	E	L	T	L	Q	W	A	O
Y	P	M	J	N	V	N	O	Y	D	A	G	A	F
D	R	A	A	D	D	O	C	E	A	A	N	S	Q

AAS
MAND
STRAND
BOOT
KOK
APPARATUUR
VINNEN
KIEUWEN
HAAK

KAAK
MEER
OCEAAN
GEDULD
RIVIER
SEIZOEN
WATER
GEWICHT
DRAAD

20 - Restaurant #1

```
X P I X A R I E V K O M E V
B M A P J E N X L E F E K O
Q K F I D R G L E U F S O E
T O E T J E R L E K K E D D
M F E T K S E K S E Y R S S
M F V I D E D U A N A V A E
M I D G R R I E L S I E U L
M E H R L V Ë J L W S T S U
I I N K J E N R E O F I Y B
K I P U V R T B R O O D E O
E X K O Z I E B G W I X M R
V T T D C N N V I N H A F D
S A E M E G Z Z E S R V X H
S G P N G S T M O R U D P B
```

ALLERGIE
KOM
BROOD
KASSIER
KIP
KOFFIE
TOETJE
VOEDSEL
INGREDIËNTEN
KEUKEN
MES
VLEES
MENU
SERVET
BORD
RESERVERING
SAUS
PITTIG
ETEN

21 - Bees

```
X H K B G Z O N T R O P U I
U O A L B D W A D V V M E Y
V N P O B I J E N K O R F S
B I K E L R U C R F O O H T
L N P S O I Y O B M R O Y U
K G L E E N N S E V D K V I
Q O A M M S W Y S M E P B F
M N N T E E A S T M L O V M
D T T I N C S T U F I E O E
F Y E V N T Q E I U G V E E
D R N V K G Z E V D A E D L
R T U I N D I M E E U F S E
P F K I D W E N R W A F E J
Y L X I T H A B I T A T L S
```

VOORDELIG
BLOESEM
ECOSYSTEEM
BLOEMEN
VOEDSEL
FRUIT
TUIN
HABITAT
BIJENKORF
HONING

INSECT
PLANTEN
STUIFMEEL
BESTUIVER
KONINGIN
ROOK
ZON
ZWERM
WAS

22 - Sports

```
T B E Z M E I T T N G P K B
R E W T P X X N Q F Y J A A
A W M X H G X I L B M A M S
I E E A S T A D I O N T P K
N G I H P P S S A V A L I E
E I H T E T E N N I S E O T
R N O Q L E H L B S T E E B
Z G C W F A T W E I I T N A
G W K R V M E J T R E P S L
O U E F I E T S C M K H C C
L G Y M N A S I U M G Y H I
F S U Z M T M H O N K B A L
F V S P W E Z B D R K S P T
N Z F J H E N W I N N A A R
```

ATLEET
HONKBAL
BASKETBAL
FIETS
KAMPIOENSCHAP
TRAINER
SPEL
GOLF
GYMNASIUM
GYMNASTIEK
HOCKEY
BEWEGING
SPELER
STADION
TEAM
TENNIS
ZWEMMEN
WINNAAR

23 - Weather

```
R T T B L I K S E M I S T O
T E E X G J I S Q D M T O R
Y X G M N S G T M R O R R K
N I U E P F V O K O E O N A
D P Y F N E I R T O S P A A
X O P I M B R M I G S I D N
S L N P N O O A B Q O S O X
L A O D X M X O T Q N C W W
N I Q N E R X H G U Z H I S
R R K F V R B N H Q U I N J
D R O O G T E F E P A R D N
S K L I M A A T M B R I E S
D W A T M O S F E E R V M H
D W O L K C Z Y L M Y T U I
```

ATMOSFEER
BRIES
KLIMAAT
WOLK
DROOGTE
DROOG
MIST
ORKAAN
IJS
BLIKSEM
MOESSON
POLAIR
REGENBOOG
HEMEL
STORM
TEMPERATUUR
DONDER
TORNADO
TROPISCH
WIND

24 - Adventure

```
V B N E S M K F V N U E E S
A E Q A S F A Y R A I N X C
C S R Y T Q N A I V T T C H
T T E R C U S X E I D H U O
I E I H A N U U N G A O R O
V M S F S S T R D A G U S N
I M P N P V S M E T I S I H
T I L M O E D E N I N I E E
E N A N I E U W N E G A W I
I G N K V R E U G D E S A D
T O N G E W O O N M N M S J
L K M O E I L I J K H E I D
V O O R B E R E I D I N G E
Z G E V A A R L I J K F H N
```

ACTIVITEIT
SCHOONHEID
MOED
UITDAGINGEN
KANS
GEVAARLIJK
BESTEMMING
MOEILIJKHEID
ENTHOUSIASME
EXCURSIE

VRIENDEN
REISPLAN
VREUGDE
NATUUR
NAVIGATIE
NIEUW
VOORBEREIDING
VERRASSEND
ONGEWOON

25 - Circus

```
P B M Z M G W V J X K M M T
G A L R C K F E O Q Z U U K
O L R E V G O R N L F T Z Q
O L L A E L Y M G K L U I N
C O R S D U Z A L S N O E P
H N O D X E W K E T I L K G
E N E K B A C E U E L I O K
L E A A P F Q N R N A F S S
A N M T I J G E R T A A T B
A X A C R O B A A T T N U Y
R M G T L V Q B W P Q T U I
A Q I L R O T R U C Q O M U
X P E R J I W G N B E J C U
J L D I E R E N R F U F T M
```

ACROBAAT
DIEREN
BALLONNEN
SNOEP
CLOWN
KOSTUUM
OLIFANT
VERMAKEN
JONGLEUR
LEEUW
MAGIE
GOOCHELAAR
AAP
MUZIEK
PARADE
LAAT
TENT
TIJGER
TRUC

26 - Restaurant #2

```
S S O E P O R O L D J V L F
P A R C E A Y Y Q T I H O W
E L U N C H D O I Y T N B O
C A K U X N I J E Y I L E F
E D U H G C W Z A M C Z R R
R E V I S I A H D S J J A U
I G R O E N T E N J Z U Q I
J K P J R K E E O C Q N C T
E I K K O K R R E A Z G Z M
N Z J L E P E L D K O M E H
H B Z S H N C I E E U A Q V
E I E R E N O J L Y T I R R
S T O E L Y H K S D R A N K
X Z M Y K L L F J A N M M E
```

DRANK
CAKE
STOEL
HEERLIJK
DINER
EIEREN
VIS
VORK
FRUIT
IJS

LUNCH
NOEDELS
SALADE
ZOUT
SOEP
SPECERIJEN
LEPEL
GROENTE
OBER
WATER

27 - Geology

```
S T A L A C T I E T K C W A
K R I S T A L L E N W O H P
Z V U L K A A N G T A N F L
O S U C A L C I U M R T W A
U T Z B L E C Y K U T I R T
T E K O R A A L C S S N P E
F E L B H D F C F L V E L A
O N G A A R D B E V I N G U
S J E N A B U J R Z T T V S
S R I H L G E S O U U B I N
I G S N I R G E S M E U V Q
E L E E Q O Y Q I O N H R A
L M R P V T L D E L A V A C
D M I N E R A L E N Y K W R
```

ZUUR
CALCIUM
GROT
CONTINENT
KORAAL
KRISTALLEN
CYCLI
AARDBEVING
EROSIE
FOSSIEL

GEISER
LAVA
LAAG
MINERALEN
PLATEAU
KWARTS
ZOUT
STALACTIET
STEEN
VULKAAN

28 - House

```
B T D E U R G L M Z J D H S
E U W K E B O V A E K O A L
Z I J L R Q R A A M H U A E
E N U C D V D K M N P C R U
M U U R L L I K E U N H D T
T B S H L O J A G U J E Z E
G A R A G E N M M I K C T L
U W K B P R E E C W I E O S
Z O L D E R N R G E P L N J
U Z N Z M E U B I L A I R H
A S H O M O W J G D B R D D
P Z W Q F T Q R Y G A W H H
B I B L I O T H E E K K E K
S P I E G E L E F Z Z Y K H
```

ZOLDER
BEZEM
GORDIJNEN
DEUR
HEK
HAARD
VLOER
MEUBILAIR
GARAGE
TUIN

SLEUTELS
KEUKEN
LAMP
BIBLIOTHEEK
SPIEGEL
DAK
KAMER
DOUCHE
MUUR
RAAM

29 - Comedy

```
E M V R K G E P U B L I E K
A X G P I E T A V P T M U A
V P P P Y N Q R Q L E P U Z
F Y P R Z R O O P E L R U A
Q X V L E E G D M Z E O O V
R U V Z A S L I M I V V T N
H P P H B U S E N E I I H M
L U C Q A D S I K R S S E J
G T M G R A P P E N I A A J
E C L O W N S S Y F E T T B
L H C G R A P P I G S I E V
A C T R I C E G N X H E R Z
C A Z A C T E U R J G U T G
H N D P H H R O O C Q B X F
```

ACTEUR
ACTRICE
APPLAUS
PUBLIEK
SLIM
CLOWNS
EXPRESSIEF
PLEZIER
GRAPPIG

GENRE
HUMOR
IMPROVISATIE
GRAPPEN
GELACH
PARODIE
TELEVISIE
THEATER

30 - School #1

```
B I B L I O T H E E K B P V
V M H U P J Z I B J E U E X
S A L F A B E T K K X R N U
C P D Q W N V T Z L A E N S
H P Y L I S T P R A M A E M
R E L H S H U W D S E U N E
I N I P K R B O O L N B C B
J Y G Q U I Z I R O S S Z O
V R I E N D E N L K R N E E
E Z G N D Z Y S E A K D M K
N L C L E F T T R A N O E E
P L E Z I E R O A L E R E N
P A P I E R P E A L U N C H
P O T L O O D L R R N X G F
```

ALFABET
ANTWOORDEN
BOEKEN
STOEL
KLASLOKAAL
BUREAU
EXAMENS
MAPPEN
VRIENDEN
PLEZIER

BIBLIOTHEEK
LUNCH
WISKUNDE
PAPIER
POTLOOD
PENNEN
QUIZ
LERAAR
LEREN
SCHRIJVEN

31 - Dance

```
S S Z M R B W V U K E H A K
Q E Z B N E N E G L M O C T
C C H V X W P T O A O U A R
H V J X V E A E O S T D D A
O C M U K G R S T S I I E D
R V U U B I T P G I E N M I
E H Z L S N N R E E T G I T
O G I I T G E I N K M I E I
G P E C B U R N A U K R E O
R X K H K Z R G D N E K U N
A I M A T B J E E S J Z R E
F X T A R L C N E T Z R C E
I P S M H I Q Q F L H N X L
E F F X E J C U L T U U R M
```

ACADEMIE
KUNST
LICHAAM
CHOREOGRAFIE
KLASSIEK
CULTUREEL
CULTUUR
EMOTIE
GENADE

BLIJ
SPRINGEN
BEWEGING
MUZIEK
PARTNER
HOUDING
REPETITIE
RITME
TRADITIONEEL

32 - Colors

```
S U T U E L I W C I G E C X
V E Q R U P P U Y N E R L U
V A P C N A T D A D E O T Y
D G D I B W F O A I L O X I
H X C U A L Y I N G M D O O
N E U U B A A X O O A T V R
G R I J S Z Q U L I G O U A
O T T A F U U B W N E G N N
B E I G E U I O J V N R F J
R W G Z Q R O Z E K T O Z E
U N Q F W I T R F O A E X Z
I D R J E A D M N F F N X U
N T B P A A R S E Q J G A O
F U C H S I A T J F P S Q N
```

AZUUR	INDIGO
BEIGE	MAGENTA
ZWART	ORANJE
BLAUW	ROZE
BRUIN	PAARS
CYAAN	ROOD
FUCHSIA	SEPIA
GROEN	WIT
GRIJS	GEEL

33 - Climbing

```
A P P Z D S G G M D W D P U
T H O O G T E E R O L F G I
M E Q W K A A R T O E E G T
O L W A G B M L H N T W F D
S M B N M I F K M W S O Y A
F F B D D L A A R Z E N S G
E S L E S I X S M A L F I I
E T F L U T G Y N O C Q E N
R E J E X E Q I A M T H K G
O R P N N I A X D F Y I T E
C R M H K T A F H S J V K N
D E S K U N D I G E E X N M
W I H A N D S C H O E N E N
X N O P L E I D I N G Y R K
```

HOOGTE
ATMOSFEER
LAARZEN
GROT
UITDAGINGEN
DESKUNDIGE
HANDSCHOENEN
GIDSEN
HELM

WANDELEN
LETSEL
KAART
SMAL
FYSIEK
STABILITEIT
KRACHT
TERREIN
OPLEIDING

34 - Shapes

```
P V E E L H O E K W Y L H F
C I R K E L K U B U S E Y T
I E R K L O K E G E L B P L
L R G A A I T R R R H O E K
I K C P M N J O E A H O R V
N A B R P I T N C N K G B H
D N O I G U D D H D X A O T
E T L S J E A E T E O Z O C
R B R M Z J M H H N J C L N
A U X A G P H Z O V A A L V
C A L V C U R V E I S U F X
D R I E H O E K K L B X O L
V P A K K U M J A N K Z B Y
W R O G X C X O K Z P J I Q
```

BOOG
CIRKEL
KEGEL
HOEK
KUBUS
CURVE
CILINDER
RANDEN
HYPERBOOL
LIJN

OVAAL
VEELHOEK
PRISMA
PIRAMIDE
RECHTHOEK
RONDE
KANT
BOL
VIERKANT
DRIEHOEK

35 - Scientific Disciplines

```
G M I N E R A L O G I E R Q
A S T R O N O M I E K L J E
E M N B I O C H E M I E V K
C B M E C H A N I C A G O I
O I P S O C I O L O G I E N
L O L C S T A A L K U N D E
O L A R C H E O L O G I E S
G O N N G E O L O G I E I I
I G T M A C P X M C E B D O
E I K H V T C T Q H B I L L
N E U R O L O G I E Q N F O
A Z N A Z X J M Z M O E M G
V X D R F R Z I I I K U M I
D I E F H C S O K E Z M S E
```

ANATOMIE
ARCHEOLOGIE
ASTRONOMIE
BIOCHEMIE
BIOLOGIE
PLANTKUNDE
CHEMIE
ECOLOGIE
GEOLOGIE
KINESIOLOGIE
TAALKUNDE
MECHANICA
MINERALOGIE
NEUROLOGIE
SOCIOLOGIE

36 - School #2

```
L I T E R A T U U R S C L R
W O O R D E N B O E K B E U
C O M P U T E R U X R D R G
B O E K E N C K L D V O A Z
J E W E E K E N D A T M A A
R O L C Z K A L E N D E R K
B N Z B I B L I O T H E E K
A D A C T I V I T E I T E N
B E N O D I G D H E D E N S
G R A M M A T I C A O G O M
D W A C A D E M I S C H S I
X I B U S H E P O T L O O D
C J P L W E T E N S C H A P
V S C H A A R P A P I E R B
```

ACADEMISCH
ACTIVITEITEN
RUGZAK
BOEKEN
BUS
KALENDER
COMPUTER
WOORDENBOEK
ONDERWIJS
GOM

GRAMMATICA
BIBLIOTHEEK
LITERATUUR
PAPIER
POTLOOD
WETENSCHAP
SCHAAR
BENODIGDHEDEN
LERAAR
WEEKEND

37 - Science

```
N M C G F O G R P B J A N H
A O H I M R D E E L D H A Y
T L E F W G E X G G S U T P
U E M K J A E P A E Q N U O
U C I L F N L E K B V J U T
R U S I O I T R R E V E R H
K L C M S S J I F E I T N E
U E H A S M E M I I P P K S
N N X A I E S E A T O O M E
D Y T T E M I N E R A L E N
E B R P L A N T E N A I E I
L A B O R A T O R I U M L T
E V O L U T I E F U U W T Q
Y H X M E T H O D E F N E S
```

ATOOM
CHEMISCH
KLIMAAT
GEGEVENS
EVOLUTIE
EXPERIMENT
FEIT
FOSSIEL
HYPOTHESE
LABORATORIUM
METHODE
MINERALEN
MOLECULEN
NATUUR
ORGANISME
DEELTJES
NATUURKUNDE
PLANTEN

38 - To Fill

```
S I G Q T S D L P V U X R Z
G I X L F S H S X U Y V E T
O L Z M V E K Y E O A J R M
L K H A V K R A T Z E M W A
I W C N E Y B Y Z A I Q E P
V V Y D O O S E T K X P N B
A X D V A A S U K M D U V T
T Q R I H Y Z P A K J E E B
X K C W E M M E R O E H L L
N T P L N N X M T F F N O P
I Y C J X F B C O F E L P P
J Z O S O I P L N E N A E G
M B U I S C O B A R X D Y S
Y B N B S E T I P D M E R K
```

VAT
BEKKEN
MAND
FLES
DOOS
EMMER
KARTON
KRAT
LADE
ENVELOP
MAP
POT
PAKJE
ZAK
KOFFER
DIENBLAD
BUIS
VAAS

39 - Summer

```
G O W B P W C V T F O S B K
N A G Y M E T R U A N A S A
K M M R P Z A I I Y T N T M
P F Z E E W B J N Z S D W P
F S Y I S E O E I N P A L E
V A T S B M E T P R A L P R
A G M R K M K I R L N E S E
K Q U I A E E J E D N N T N
A P Z F L N N D H U I S E Z
N I I D O I D Y T I N B R N
T Z E J P P E M G K G B R L
I H K V R E U G D E Q I E O
E C J V G V R I E N D E N X
Z H W V V O E D S E L L P T
```

STRAND   VREUGDE
BOEKEN   VRIJE TIJD
KAMPEREN   MUZIEK
DUIKEN   ONTSPANNING
FAMILIE   SANDALEN
VOEDSEL   ZEE
VRIENDEN   STERREN
GAMES   ZWEMMEN
TUIN   REIS
HUIS   VAKANTIE

40 - Clothes

```
H A N D S C H O E N E N R Y
S H I R T N F W I W T X I Z
C K B Y L M R J L O T P E P
H L H G B L O U S E Z Z M Y
O N Q J U R K P A U S L P J
R J M E W H O E D G L N C A
T U U A S S I E R A D E N M
T V P N K A J X K T B R N A
Z R Z S O N A R M B A N D H
M D U Q R D I J A S N C K P
L T T I R A D A V Q M C G X
Y B S L G L A S C H O E N K
M O D E S E S J A A L P I J
H I F H T N O E A Y M L P F
```

SCHORT
RIEM
BLOUSE
ARMBAND
JAS
JURK
MODE
HANDSCHOENEN
HOED
JASJE

JEANS
SIERADEN
PYJAMA
BROEK
SANDALEN
SJAAL
SHIRT
SCHOEN
ROK
TRUI

41 - Insects

```
M B I L F T M H Q D V G J L
V I I Y Q N E N O Z M O T A
U J N D K Q C R N C I I K R
Z R T U S W H I M W E S P V
B V B H J P O R C I R J K E
L L I B E L R P K A E B E Z
A O M V T U Z I I C D T V P
D V L I N D E R N F N E E W
L Q M U G D L L F K V J R O
U K A K K E R L A K H M W R
I S P R I N K H A A N A S M
S O C G G N B F P O I L A G
C B B Z T C Y O X C Y C Q N
T E I L P A C A J S N K U W
```

MIER
BLADLUIS
BIJ
KEVER
VLINDER
CICADE
KAKKERLAK
LIBEL
VLO

SPRINKHAAN
HORZEL
LARVE
BIDSPRINKHAAN
MUG
MOT
TERMIET
WESP
WORM

42 - Astronomy

```
A X G A S T R O N A U T H R
H A D Y A S T E R O Ï D E A
A T R R M L D A Q B W I M K
A X A D O Q M O V U N L E E
S S T M E T E O O R I D L T
T K S T R A L I N G M N Z S
R O S U P E R N O V A R O P
O S J A G Y T Z N F A L N X
N M W R S K V T J Z N D N J
O O N R I D G V I W V F E X
O S T E R R E N B E E L D J
M D D A V S A T E L L I E T
X P L A N E E T Z H B D L M
D V A K X I L X K S J K Q W
```

ASTEROÏDE
ASTRONAUT
ASTRONOOM
STERRENBEELD
KOSMOS
AARDE
EQUINOX
METEOOR
MAAN
NEVEL
PLANEET
STRALING
RAKET
SATELLIET
HEMEL
ZONNE
SUPERNOVA

43 - Pirates

```
A T M B K A P I T E I N J G
U S P Z O S N K U D B C I B
V X I K M G P K A Q Q P Q J
R T Q A P U M G E I L A N D
Y Z X A X O J S R G P B C
D O Z R S T V V C T L E E D
V P Y T S L E C H T R G M V
L E G E N D E I A I U A A B
A Z E R W K B F T L M A N X
G W V V O E Y F X I U I N D
L A A L I T T E K E N G I S
T A A V W R R C T O T O N V
Y R R J J I Z W C S E U G I
B D A V O N T U U R N D B T
```

AVONTUUR
ANKER
SLECHT
STRAND
KAPITEIN
GROT
MUNTEN
KOMPAS
BEMANNING
GEVAAR

VLAG
GOUD
EILAND
LEGENDE
KAART
PAPEGAAI
RUM
LITTEKEN
ZWAARD
SCHAT

44 - Time

```
E C F X D M I N U U T U J J
G E M Z W A B U R V O U D A
I Z U X O A G P U K E R M A
M W D W Y N C Y V G K T I R
U E E R Y D A M D N O I D L
S P O E D I G E W A M V D I
H G N I K L O K O C S A A J
K A L E N D E R S H T N G K
V R O E G L I R A T T D O S
O C H T E N D B O N J A A R
O V I U I J C L Q V V A D C
R D E C E N N I U M B G V K
G W U X Z T Z V Z R N W J S
A A J U D F I J A B O F G E
```

JAARLIJKS   MINUUT
VOOR   MAAND
KALENDER   OCHTEND
EEUW   NACHT
KLOK   MIDDAG
DAG   NU
DECENNIUM   SPOEDIG
VROEG   VANDAAG
TOEKOMST   WEEK
UUR   JAAR

45 - Buildings

```
L A B O R A T O R I U M T G
A P P A R T E M E N T K O X
Z I E K E N H U I S D V R P
M G B E P T H E A T E R E B
S C H U U R E O D I K O N B
K O B S E R V A T O R I U M
A R W C F H H L E E S M S B
S A H R K L E T N S L U T I
T K K D U E R H T C C S A O
E L M J B O B A E H A E D S
E F A B R I E K V O B U I C
L G E Y P B R L V O I M O O
C X N W W M G Q I L N F N O
S U P E R M A R K T E X P P
```

APPARTEMENT
SCHUUR
CABINE
KASTEEL
BIOSCOOP
FABRIEK
ZIEKENHUIS
HERBERG
HOTEL

LABORATORIUM
MUSEUM
OBSERVATORIUM
SCHOOL
STADION
SUPERMARKT
TENT
THEATER
TOREN

46 - Herbalism

```
S K P L A N T U H S H Z V V
A N E A R O M A T I S C H C
F O T U I N G V Y Q Y W L U
F F E I N G R E D I Ë N T L
R L R M B V O N S K L L E I
A O S D A O E K M V G A K N
A O E R S R N E A O B V C A
N K L A I E J L A O L E K I
U X I G L G N O K R O N J R
W U E O I A S Q L D E D M N
T D K N C N B P D E M E U A
U D A E U O N B Z L I L N X
W H U C M B U Y O I O N T N
T J T W U V G E H G Y N H V
```

AROMATISCH
BASILICUM
VOORDELIG
CULINAIR
VENKEL
SMAAK
BLOEM
TUIN
KNOFLOOK
GROEN

INGREDIËNT
LAVENDEL
MARJOLEIN
MUNT
OREGANO
PETERSELIE
PLANT
SAFFRAAN
DRAGON

47 - Toys

```
C T D S E B V D P U Z Z E L
R O B O T A O L B O O T Y W
O C U P V L F E I V P Q D L
A A S C H A A K K E A K D W
M R Z I Z P V L B E G Q Q W
B E F R V G O E N M N E D E
A S Z M Y A R I P B J L R D
C F G T D M I D C S A M U W
H V E R B E E L D I N G M L
T R E I N S T B A P E B S J
E O V L I E G T U I G P H H
N J E V R A C H T A U T O A
S E R N H V X G O B X T H R
D Z F Y H E V K R F I E T S
```

VLIEGTUIG
BAL
FIETS
BOOT
BOEKEN
AUTO
SCHAAK
KLEI
AMBACHTEN
POP

DRUMS
FAVORIET
GAMES
VERBEELDING
VLIEGER
VERF
PUZZEL
ROBOT
TREIN
VRACHTAUTO

48 - Vehicles

```
T R A C T O R Q I M H B E S
W A C M O T O R Z B O L R H
J K A F B U S C O O T E R U
K E R U A U T O L X A V F T
N T A L N T L I C Y V L O T
Q C V U D B A A G Q P I T L
I U A V E P A X N E A E Q E
F O N E N N W Q I C H G F A
O N D E R Z E E Ë R E T I Q
S G C R H H Y G P A K U E G
B I A B O O T N F O P I T K
L I Y O U N Y A Q U E G S N
C N Q O H E L I K O P T E R
T I F T M E T R O D H Z E S
```

VLIEGTUIG
AMBULANCE
FIETS
BOOT
BUS
AUTO
CARAVAN
VEERBOOT
HELIKOPTER
MOTOR

VLOT
RAKET
SCOOTER
SHUTTLE
ONDERZEEËR
METRO
TAXI
BANDEN
TRACTOR

49 - Flowers

```
D T J A L I P T A H C U Y P
W U J Q R I G A T F E S W I
Z L M C I H L M P L N M K O
R Z J G O I T A L A C K P E
O O X A R B G G U V V F L N
K N A R C I S N M E N E S R
L N C D H S L O E N U R R O
A E U E I C J L R D H E O O
V B L N D U M I I E S X J S
E L K I E S I A A L T U L P
R O U A E B L O E M B L A D
T E X P A S S I E B L O E M
L M P A A R D E B L O E M V
J A S M I J N B O E K E T F
```

BOEKET
KLAVER
NARCIS
PAARDEBLOEM
GARDENIA
HIBISCUS
JASMIJN
LAVENDEL
LILA
LELIE

MAGNOLIA
ORCHIDEE
PASSIEBLOEM
PIOENROOS
BLOEMBLAD
PLUMERIA
PAPAVER
ZONNEBLOEM
TULP

50 - Town

```
M V Q B B A N K W Y V X S J
M U E L H E P V P B E K E X
A M S H X H H O T E L L K Z
R B W E S A G S T A D I O N
K L L S U H W C Y H G N I N
T O X S W M H H V J E I S T
B E B I O S C O O P A E R C
A M G M P N Z O P W Z K K E
K I A H E Y I L W I N K E L
K S L L S U P E R M A R K T
E T E L U C H T H A V E N X
R X R V O T H E A T E R I W
I M I B O E K H A N D E L G
J V J B I B L I O T H E E K
```

LUCHTHAVEN
BAKKERIJ
BANK
BOEKHANDEL
BIOSCOOP
KLINIEK
BLOEMIST
GALERIJ
HOTEL

BIBLIOTHEEK
MARKT
MUSEUM
APOTHEEK
SCHOOL
STADION
WINKEL
SUPERMARKT
THEATER

51 - Antarctica

```
E F X L Y O M G E V I N G R
B E H O U D I I I J T X S O
E L A U K D G J J O E K C T
B G W Q Z Y R T Y S M X H S
D J N U Q V A O N M P I I A
W O L K E N T P X I E T E C
I U B G V H I O P N R E R H
W N M D U R E G A E A I E T
O I H B A A I R V R T L I I
B H C A K S R A O A U A L G
R X A O M R P F G L U N A N
E X P E D I T I E E R D N K
W A T E R K H E L N G E D S
G L E T S J E R S P B N T K
```

BAAI
VOGELS
WOLKEN
BEHOUD
INHAM
OMGEVING
EXPEDITIE
GLETSJERS
IJS

EILANDEN
MIGRATIE
MINERALEN
SCHIEREILAND
ROTSACHTIG
TEMPERATUUR
TOPOGRAFIE
WATER

52 - Ballet

```
C Q P A P R A K T I J K N C
H R U P R S M U Z I E K H O
O O B P E T I X Q H T K X M
R V L L X M I E Y Q D U D P
E A I A P Q T S R I T M E O
O A E U R O E H T L V P K N
G R K S E N V G D I I I U I
R D S P S G Z B O K E J H S
A I T I S E Z T B W R K K T
F G I E I B A L L E R I N A
I H J R E A B Z O R K E S T
E E L E F A D A N S E R S T
P I J N H R L E S S E N P Q
S D I N T E N S I T E I T U
```

APPLAUS
ARTISTIEK
PUBLIEK
BALLERINA
CHOREOGRAFIE
COMPONIST
DANSERS
EXPRESSIEF
GEBAAR
SIERLIJK

INTENSITEIT
LESSEN
SPIEREN
MUZIEK
ORKEST
PRAKTIJK
RITME
VAARDIGHEID
STIJL

53 - Human Body

```
V H E R S E N E N M A C M G
N A G M M L T X H N P W U E
J N E K I N N V Q W K O M Z
R D U N F H U I D O B O P I
U J I I K M D N O W J R R C
Y R E E A E E G Z F W I X H
W E B I A X L E W H T D X T
Q O L P K B U R I X G Z Q O
X B O T T E N W S X R Y A W
B S E N E U S C H O U D E R
R E D M B G G Y A O X K E W
A O E O V Q W J R I O A B O
C K K N Q W H Q T A L F V G
F B P D E L L E B O O G D Q
```

ENKEL
BLOED
BOTTEN
HERSENEN
KIN
OOR
ELLEBOOG
GEZICHT
VINGER
HAND

HOOFD
HART
KAAK
KNIE
BEEN
MOND
NEK
NEUS
SCHOUDER
HUID

54 - Musical Instruments

```
T T G O N G R F H X K T E C
A R R I W M A N D O L I N E
M O O T H A R P T O S V L
B M W D M A H F F R K A I L
O B W P A P A Z E O K X O O
E O I Z R I E R P M E O O T
R N S F I A B T E M N F L U
I E V G M U D C R E S O Z B
J H L F B S N O C L P O Y A
N Z Q H A F X F U X E N R N
F L U I T G L B S M L S C J
P I A N O M O O S H O B O O
C C J A H H R T I A I X K B
K L A R I N E T E L R V V Y
```

BANJO   MANDOLINE
FAGOT   MARIMBA
CELLO   HOBO
KLOKKENSPEL   PERCUSSIE
KLARINET   PIANO
TROMMEL   SAXOFOON
FLUIT   TAMBOERIJN
GONG   TROMBONE
GITAAR   TROMPET
HARP   VIOOL

55 - Fruit

```
C S T D K E M V D L V K A G
M I R I E J B A I J F O N U
E R T D R T F P N J F K A A
L W F R S C F P P G G O N V
O L N U O C A E Q A O S A E
E I G I B E S L P B B N S N
N O I F B L N R E R A O S E
A Y O F Z D A J E I N O T C
P E R Z I K R V R K A T E T
R I Z O M A B Q E O A B T A
V D L A J B L Q V O N B J R
C X F R A M B O O S V X X I
P A P A J A V O C A D O D N
F D S A K I W I Z F G A U E
```

APPEL
ABRIKOOS
AVOCADO
BANAAN
BES
KERS
KOKOSNOOT
VIJG
DRUIF
GUAVE
KIWI
CITROEN
MANGO
MELOEN
NECTARINE
PAPAJA
PERZIK
PEER
ANANAS
FRAMBOOS

56 - Virtues #1

```
E P R U K Z G I B H G O L N
F Q S U I E E N E N R N U I
F N A Q A L P T S L A A P E
I G O E D F A E C B P F S U
C T W W P V S L H E P H C W
I I V F R E S L E H I A H S
Ë G U L A R I I I U G N O G
N B P O K Z O G D L P K O I
T D B G T E N E E P A E N E
W I W J I K E N N Z T L E R
U I I O S E E T S A I I K I
I R J Z C R R K L A Ë J L G
B S O S H D D H Z M N K N Q
P I O C H A R M A N T V V Z
```

CHARMANT
SCHOON
ZELFVERZEKERD
NIEUWSGIERIG
EFFICIËNT
GRAPPIG
GUL
GOED

BEHULPZAAM
ONAFHANKELIJK
INTELLIGENT
BESCHEIDEN
GEPASSIONEERD
PATIËNT
PRAKTISCH
WIJS

57 - Kitchen

```
P F F Q C L S P O N S V K E
O D P G D M E S S E N O O E
T K F D I V Y P K O M E E T
T B S Q G X O C E W K D L S
F R E P H W V B U L F S K T
V O R K E N E W J P S E A O
G M V L N C N G A X C L S K
P M E F W I E K Q S H M T J
O X T N R A R R U Y O M R E
K E T E L S K U I A R H E S
V R I E Z E R I D J T P C T
D F W L D Z U K S Y E T E N
G R I L L I T U J V L N P K
M C J J A B W N Y N R F T P
```

SCHORT
KOM
EETSTOKJES
CUP
VOEDSEL
VORKEN
VRIEZER
GRILL
POT
KRUIK
KETEL
MESSEN
SERVET
OVEN
RECEPT
KOELKAST
SPECERIJEN
SPONS
LEPELS
ETEN

58 - Art Supplies

```
C R E A T I V I T E I T I P
C F G W G W B M N F G I I A
G P X N S R S X D O A D N P
H O U T S K O O L V C E K I
A T M A K T W A T E R E T E
Q L W F G P O E U R Y Ë L R
U O V E F D L E K F L N K M
A D I L E M I E L E L F V I
R E C I C Z E N E V X H P I
E N A J B S E A U H U G D Q
L R M M H H R L R A Q S G J
L I E S B O V P E K L E I U
E U R W R L Z G N L Z Z G V
N G A B O R S T E L S F A D
```

ACRYL
BORSTELS
CAMERA
STOEL
HOUTSKOOL
KLEI
KLEUREN
CREATIVITEIT
EZEL
GOM
LIJM
IDEEËN
INKT
OLIE
VERF
PAPIER
POTLODEN
TAFEL
WATER
AQUARELLEN

59 - Science Fiction

```
W B U T O P I E T R E Z C K
T E C H N O L O G I E M H T
R C T Y R H B A T O O M E K
D Y S T O P I E N O A F M L
M N O T B Y O X B E G A I O
O Y V Z O E S P O X E N C N
B R S N T N C L E T S T A E
E T A T S B O O K R B A L N
Y A P K E O O S E E R S I W
Y N P E E R P I N E A T Ë E
F H T G C L I E Z M N I N R
I L L U S I E E Q S D S J E
I D T I K S Y G U S Z C Y L
F U T U R I S T I S C H F D
```

ATOOM
BOEKEN
CHEMICALIËN
BIOSCOOP
KLONEN
DYSTOPIE
EXPLOSIE
EXTREEM
FANTASTISCH
BRAND

FUTURISTISCH
ILLUSIE
MYSTERIEUS
ORAKEL
PLANEET
ROBOTS
TECHNOLOGIE
UTOPIE
WERELD

60 - Airplanes

```
G E S C H I E D E N I S V N
P Y L A B E M A N N I N G A
R B R A N D S T O F P Y M F
O O T T N O D H B A L L O N
P U U M G D N G H X U Z T I
E W R O A Q E A F I C O O U
L A B S F Y L N J J H V R I
L T U F D C H O O G T E E U
E E L E A H H P I L O O T W
R R E E L P A S S A G I E R
S S N R I C H T I N G R Y A
D T T C N P H E M E L V K T
Q O I S G A V O N T U U R P
P F E O N T W E R P G J Z E
```

AVONTUUR
LUCHT
ATMOSFEER
BALLON
BOUW
BEMANNING
AFDALING
ONTWERP
RICHTING
MOTOR

BRANDSTOF
HOOGTE
GESCHIEDENIS
WATERSTOF
LANDEN
PASSAGIER
PILOOT
PROPELLERS
HEMEL
TURBULENTIE

61 - Ocean

```
R I F H V W E Z E I E F Z H
W T O N I J N H O S L I B Z
A A C V S F S C G U T G F Z
L W L T I H Y G O A T O V N
V L K A I A L G E N P D R W
I W R W K A Y I S C D O A M
S R K H Y I L B T A A L Z O
E H O S P O N S E Y Y F E C
G A R N A A L K R A B I E T
R H A D I O Q Y W H B J W O
U F A G A X Z T J A O N I P
Z R L X W U T C W B L O E U
S C H I L D P A D R U V R S
G E T I J D E N I P T J F E
```

ALGEN
KORAAL
KRAB
DOLFIJN
AAL
VIS
KWAL
OCTOPUS
OESTER
RIF

ZOUT
ZEEWIER
HAAI
GARNAAL
SPONS
STORM
GETIJDEN
TONIJN
SCHILDPAD
WALVIS

62 - Birds

```
F L A M I N G O U G L M P K
S B S M K O E K O E K U A C
M C T J X N O G L I F S P K
K O R W X K O I P C B C E A
S K U N B R R M E E U W G Z
M A I M B A D E L V U F A K
T N S P H A U X I X A A A K
J A V A G I M G K G D A I F
C R O U A Y B F A Q E N R I
C I G W N D V V A S L R Z Y
L E E N S J E H N H A Y Y J
G V L J X J E Z W A A N A L
F T O E K A N O J B R W R D
B H P C N O D P I N G U Ï N
```

KANARIE
KIP
KRAAI
KOEKOEK
EEND
ADELAAR
EI
FLAMINGO
GANS
MEEUW

REIGER
STRUISVOGEL
PAPEGAAI
PAUW
PELIKAAN
PINGUÏN
MUS
OOIEVAAR
ZWAAN
TOEKAN

63 - Art

```
S U R R E A L I S M E E F B
O N D E R W E R P Z N N I E
P O R T R E T T E R E N G E
U V I S U E E L L C C R U L
K E R A M I S C H O R P U D
E X A R C Z P H U M E U R H
S E C X Q L O N L P Ë W M O
Y E N U V Q Ë S N L R N Z U
M M B V W K Z Q A E E J O W
B A V P O D I V A X N D H W
O M H J K U E O Y N A L D E
O S C H I L D E R I J E N R
L Q V O R I G I N E E L K K
E E R L I J K B G V E X H O
```

KERAMISCH
COMPLEX
CREËREN
FIGUUR
EERLIJK
HUMEUR
ORIGINEEL
SCHILDERIJEN

POËZIE
PORTRETTEREN
BEELDHOUWWERK
EENVOUDIG
ONDERWERP
SURREALISME
SYMBOOL
VISUEEL

64 - Nutrition

```
G E W I C H T W M U S B F H
C E K O O L H Y D R A T E N
E A Z P V O U X O R U V R V
V U L O H H X D N E S O M I
E E E O N S M A A K B E E T
N M E T R D J U O J I D N A
W E T O G I H Q H L T I T M
I I B X W E E E S K T N A I
C W A I V E C Ë I E E G T N
H I A N D T F Z N D R S I E
T T R E O B V S F H V S E D
I T C K W A L I T E I T J R
G E E T L U S T G E Z O N D
V N V L O E I S T O F F E N
```

EETLUST
EVENWICHTIG
BITTER
CALORIEËN
KOOLHYDRATEN
DIEET
EETBAAR
FERMENTATIE
SMAAK
GEZONDHEID
GEZOND
VLOEISTOFFEN
VOEDINGSSTOF
EIWITTEN
KWALITEIT
SAUS
TOXINE
VITAMINE
GEWICHT

65 - Hiking

```
I H I G J P Y B J C B N U E
G C J B M A H A Q Z W A A R
Y I C K O R I Ë N T A T I E
W C D O E K L I F N W U X Z
L Y U S G E V A R E N U Q Q
H L R D E N G J F L F R T I
G X K I H N L A A R Z E N Z
W A T E R K A M P E R E N E
V O O R B E R E I D I N G K
W S T E N E N B I P G Y D A
O I N N B E E C X G V V A
U W L E G T V R T Y K V K R
E V L D Z O N G B U I K T T
L H S I C P K L I M A A T H
```

DIEREN
LAARZEN
KAMPEREN
KLIF
KLIMAAT
GIDSEN
GEVAREN
ZWAAR
KAART
BERG

NATUUR
ORIËNTATIE
PARKEN
VOORBEREIDING
STENEN
TOP
ZON
MOE
WATER
WILD

66 - Professions #1

```
D I M Y P T G E O L O O G J
E O R S G O R V S B A K L U
B P K T F C M A T R O O S W
D X P T P M U Z I K A N T E
S C U W E O F U F N G P I L
J A G E R R O E Q R E P D I
H R S A D V O C A A T R G E
Q T Y T L O O D G I E T E R
J O V E R P L E E G S T E R
W G O W V O K D D A N S E R
C R F Y D V N P I A N I S T
B A N K I E R O T Q S J H G
Z A W P S Y C H O L O O G X
R F X I K L E E R M A K E R
```

ASTRONOOM
ADVOCAAT
BANKIER
CARTOGRAAF
TRAINER
DANSER
DOKTER
EDITOR
GEOLOOG

JAGER
JUWELIER
MUZIKANT
VERPLEEGSTER
PIANIST
LOODGIETER
PSYCHOLOOG
MATROOS
KLEERMAKER

67 - Dinosaurs

```
R E P T I E L L Q N W F M S
O M N I V O O R D M T O A T
O K N G G R O O T T E J X A
F F R V I C I E U Z E S A A
V G O A G R O O T F L S P R
O J N S C A R N I V O O R T
G O C Y S H E R B I V O O R
E N O R M I T G E P A R O M
L I R R W D E I W V G T I A
E U C R Y J L L G Z O U K M
V E V O L U T I E M W D G M
O T V E R D W I J N I N G O
E M P Z E A A R D E C E K E
P R E H I S T O R I S C H T
```

CARNIVOOR
VERDWIJNING
AARDE
ENORM
EVOLUTIE
FOSSIELEN
HERBIVOOR
GROOT
MAMMOET
OMNIVOOR

KRACHTIG
PREHISTORISCH
PROOI
ROOFVOGEL
REPTIEL
GROOTTE
SOORT
STAART
VICIEUZE

68 - Barbecues

```
A V P T O M A T E N S K V G
E O O Z S U O V X W A I R R
R R R I B Z C F Y P L N I O
E K X R P I X B H G A D E E
S E R V O E D S E L D E N N
P N G E N K A A E J E R D T
G A M E S Z O U T O S E E E
F R U I T F X S K I P N N N
Q W B A H A M E S S E N W E
N Q G Z O M E R D G H G Z W
U O N Q N I W Y U I R R J C
P V R S G L U R P S N I H D
L Z I Z E I V E I X Q E L F
I X H S R E Z S Q C C W R L
```

KIP
KINDEREN
DINER
FAMILIE
VOEDSEL
VORKEN
VRIENDEN
FRUIT
GAMES
GRILL

HEET
HONGER
MESSEN
MUZIEK
SALADES
ZOUT
SAUS
ZOMER
TOMATEN
GROENTE

69 - Surfing

```
Z N S K A M P I O E N E Z W
W V P S L W O L S Y G W A L
E W R T N B P L H Y O E S V
M P A R R E U Y I Q A U F S
M E Y A I G L E X T R E E M
E D K N F I A H S T I J L A
N D K D F N I O E V M L P A
G E R M K N R K C I N B O G
G L A T L E E T S E D E H G
O E C D X R F Q C P A A G A
L N H K D E W P H W J A V X
F Y T T M T E N U H N P N I
R E L K J M E N I G T E Z X
P L E Z I E R N M S H T Z Z
```

ATLEET
STRAND
BEGINNER
KAMPIOEN
MENIGTE
EXTREEM
SCHUIM
PLEZIER
OCEAAN
PEDDELEN
POPULAIR
RIF
SNELHEID
SPRAY
MAAG
KRACHT
STIJL
ZWEMMEN
GOLF
WEER

70 - Chocolate

```
S N O E P M F W D Q Q K R H
W M T P I U A N P C L A A E
Y Y A W S K V T B V Y R R E
H O C A C A O H Q X X A O R
I S U I K E R E N I G M M L
N L X R W P I N D A S E A I
G X L E I O E T Q E N L J J
R Q L Z B I T T E R T A B K
E K O K O S N O O T Y E B K
D Z G Z E X O T I S C H N L
I C A L O R I E Ë N H M Z W
Ë V R X R E C E P T M M W B
N K W A L I T E I T U S V J
T A N T I O X I D A N T Y A
```

ANTIOXIDANT
AROMA
BITTER
CACAO
CALORIEËN
SNOEP
KARAMEL
KOKOSNOOT
HEERLIJK
EXOTISCH

FAVORIET
INGREDIËNT
PINDA'S
KWALITEIT
RECEPT
SUIKER
ZOET
SMAAK
ETEN

71 - Vegetables

```
P A D D E S T O E L S S R H
A O W Q Y P J R R S R E A D
R S M O E K U I A J T L D S
T P B P R M F V A A E D I T
I I R K O T I I P L R E J O
S N O O Z E E U L O W R S M
J A C M V L N L Q T T I O A
O Z C K S K K Z Y Y A J N A
K I O O A U B E R G I N E T
G E L M L U V M S E Z Y G R
R Q I M A V K N D M C E P B
J J H E D P N F Q B E T S D
B L V R E Z D F T E D L M K
B L O E M K O O L R K R K V
```

ARTISJOK
BROCCOLI
WORTEL
BLOEMKOOL
SELDERIJ
KOMKOMMER
AUBERGINE
GEMBER
PADDESTOEL

UI
ERWT
POMPOEN
RADIJS
SALADE
SJALOT
SPINAZIE
TOMAAT
RAAP

72 - Boats

```
R Z E K B F M L T Z W Q N T
S E A N K E R O Z O L J A L
C E D M E E R N T Z U C U Q
G P P D S Y Y Y E O S W T R
W X U R I G K U V Z R O I W
E D O K J N P M C T J K S T
X O O A H D G A N F A A C Q
P C Y O S X W S O E C J H G
Z E I L B O O T B R H A G I
K A E V E E R B O O T K N P
K A K A N O Q R E K O R S A
D N B E M A N N I N G T J J
Q D D Y K V L O T S Y R K R
M A T R O O S A R I V I E R
```

ANKER
BOEI
KANO
BEMANNING
DOK
MOTOR
VEERBOOT
KAJAK
MEER
REDDINGSBOOT

MAST
NAUTISCH
OCEAAN
VLOT
RIVIER
TOUW
ZEILBOOT
MATROOS
ZEE
JACHT

73 - Activities and Leisure

```
H O B B Y G O C Q T Y B O K
V E Q H A H O E N E K O N A
F X N W Z A H L F Q A K T Z
G T S G A V F Q F L M S S W
H E U T E N R E I S P E P E
O N R T Y L D U I K E N A M
N N F F K V S E I V R A N M
K I E V J O M P L P E K N E
B S N N L E S B O E N V E N
A K U N S T K V J R N M N K
L N B A R B A S K E T B A L
R A C E N A X O B F M X G C
Y S C H I L D E R I J S E K
C K E Z A T U I N I E R E N
```

KUNST
HONKBAL
BASKETBAL
BOKSEN
KAMPEREN
DUIKEN
HENGELSPORT
TUINIEREN
GOLF
WANDELEN

HOBBY
SCHILDERIJ
RACEN
ONTSPANNEN
VOETBAL
SURFEN
ZWEMMEN
TENNIS
REIS

74 - Driving

```
C B V O N G E L U K L F P M
R E M M E N D S D A U T O O
L N S G L U P M N A S T L T
D I H A T R P G D R N D I O
E D C S F G Z O H T E V T R
V R G E V A A R D C L O I F
E B R A N D S T O F H E E I
R D Q G J T M G L W E T V E
K Z I Y L T I D A U I G Y T
E C H A U F F E U R D A J S
E T U N N E L R C S A N Q H
R V E I L I G H E I D G Y L
M O T O R N M O Q L W E E T
K E K W N W E G H U V R H L
```

ONGELUK
REMMEN
AUTO
GEVAAR
CHAUFFEUR
BRANDSTOF
GARAGE
GAS
LICENTIE
KAART

MOTOR
MOTORFIETS
VOETGANGER
POLITIE
WEG
VEILIGHEID
SNELHEID
VERKEER
TUNNEL

75 - Professions #2

```
Z O Ö L O O G T D B P U O I
K P K F T K E A E I B I N L
K S I A Q H M N T O H T D L
X E C L Y Y N D E L M V E U
F C A H O Q C A C O L I R S
I H V R I O V R T O I N Z T
L I Q J T L T T I G N D O R
O R Z L U S D S V U G E E A
S U P S T P L E E L U R K T
O R D L M B O E R Ï C E O
O G T U I N M A N R S E R R
F O T O G R A A F A T Y V W
F N L A S T R O N A U T I U
I N G E N I E U R R M H P V
```

ASTRONAUT
BIOLOOG
TANDARTS
DETECTIVE
INGENIEUR
BOER
TUINMAN
ILLUSTRATOR
UITVINDER
LINGUÏST

SCHILDER
FILOSOOF
FOTOGRAAF
ARTS
PILOOT
ONDERZOEKER
CHIRURG
LERAAR
ZOÖLOOG

76 - Emotions

```
E T E D E R H E I D O C I V
R Z I C P K C K D V Z N L V
W S Y M P A T H I E G O S R
D O X O P L U C H T I N G E
D R E L L M Y V F L N T V U
A Z O D I J H Y B T H S E G
N J J E E H H D Q E O P R D
K H P O F T H Z D V U A R E
B A F Z D H M F K R D N A E
A U I X E M E G P E D N S E
A D A N G S T I M D G E S N
R R U S T V R E D E E N I G
B E S C H A A M D N D K N W
C L Z V E R V E L I N G G Y
```

WOEDE
VERVELING
KALM
INHOUD
BESCHAAMD
ANGST
DANKBAAR
VREUGDE
LIEFDE

VREDE
ONTSPANNEN
OPLUCHTING
DROEFHEID
TEVREDEN
VERRASSING
SYMPATHIE
TEDERHEID
RUST

77 - Mythology

```
O S C A D P C Z E S T Z K Z
V T F R Z O Y U Z V F H R U
E E J C Z C N S L A N I A V
R R A H E L D D K T L D C C
T F L E G E N D E R U V H R
U E O T H E M E L R J U T E
I L E Y M O N S T E R W R A
G I Z P G E D R A G A R H T
I J I E B L I K S E M A J I
N K E W I L U C T Q P A N E
G O D H E D E N D T P K I X
E M X J J Z D O O L H O F E
N M O R Y Q E Y L X V L G A
K R I J G E R N W O C R C J
```

ARCHETYPE
GEDRAG
OVERTUIGINGEN
CREATIE
WEZEN
CULTUUR
GODHEDEN
RAMP
HEMEL
HELD

JALOEZIE
DOOLHOF
LEGENDE
BLIKSEM
MONSTER
STERFELIJK
WRAAK
KRACHT
DONDER
KRIJGER

78 - Hair Types

```
J A N K T D J Z F M X I G G
K X C R G K A A L A N G E E
O R R U W E Y C V D I K V K
R A U L M B G H L R M O L L
T V V L G W I T E O P B O E
Q X R E L X G E C O J V C U
B L O N D E X B H G Q E H R
Z W A R T G N V T O X Q T D
G L I M M E N D E L A Y E U
B R Y W V Z Y P N V L O N N
P R I Y N O H P E E X X B R
P A U J W N Q H R N G S M H
C C M I S D O P O D M K F V
S L M O N G U J M Z U D C J
```

KAAL
ZWART
BLOND
GEVLOCHTEN
VLECHTEN
BRUIN
GEKLEURD
KRULLEN
KRULLEND
DROOG

GRIJS
GEZOND
LANG
GLIMMEND
KORT
ZACHT
DIK
DUN
GOLVEND
WIT

79 - Furniture

```
D M W S O C A K K G K G K N
C R V V U N B G O W S C B X
D O E V S P I E G E L U Z F
L D Y S T O E L C S Z V R A
H A E X S K U S S E N J H U
A W M K G O R D I J N E N T
N D X P B X I G K Y T W N E
G T E N U E P R U B A N K U
M A Z L R D D V S D P K I I
A H S T E Y N D S U I E Z L
T V A F A W G Q E Z J I J G
B E D F U T O N N N T B D E
B O E K E N K A S T T G Q P
M A T R A S P L A N K E N D
```

FAUTEUIL
BED
BANK
BOEKENKAST
STOEL
DEKBEDDEN
GORDIJNEN
KUSSENS
BUREAU

DRESSOIR
FUTON
HANGMAT
LAMP
MATRAS
SPIEGEL
KUSSEN
TAPIJT
PLANKEN

80 - Garden

```
B V I J V E R G G Z X U L N
L E S U T U I N R D M U B T
O R C M E W A T U A O U O R
E A H A R K J C S T S B N A
M N O C R W I J N S T O K M
S D P B A G A Z O N R O R P
K A Q E S L A N G B U M U O
C G J B C A J D O O I G I L
N A X X I J C G D O K A D I
L R D H K I V B K M S A P N
M A W H J R M R A N H R B E
D G H A N G M A T N M D R K
X E D E B M W J L K K H H S
Y Y W W K T Y D Y W W C A Y
```

BANK
STRUIK
HEK
BLOEM
GARAGE
TUIN
GRAS
HANGMAT
SLANG
GAZON

BOOMGAARD
VIJVER
VERANDA
HARK
SCHOP
TERRAS
TRAMPOLINE
BOOM
WIJNSTOK
ONKRUID

81 - Birthday

```
T J O N G S A Q X O F I J I
I W K U Z P W I J S H E I D
J D A G Q E J K E Q Q Z P K
D C A K E C W A A B D J T O
L E R E N I F U A A G P Y N
U T T Q R A M K B R R E L N
P V E J T A M X L Y O S B X
H T N H M L U K I M O P E A
G E S C H E N K J K T L Z N
U I T N O D I G I N G E N M
K A L E N D E R Z I F Z Z W
L I E D A G Z V I E R I N G
L Y G E B O R E N U W E K X
G E L U K K I G Y G L R N D
```

GEBOREN
CAKE
KALENDER
KAARSEN
KAARTEN
VIERING
DAG
PLEZIER
GESCHENK
GROOT

GELUKKIG
UITNODIGINGEN
BLIJ
LIED
SPECIAAL
TIJD
LEREN
WIJSHEID
JAAR
JONG

82 - Beach

```
C V R I F F I I J A G D W H
D A B X A Y K D B Z O N I S
Y K Z O V X S C H E L P E N
V A E C O R A J L E Z A N D
P N I E N T O W D P W H J Y
H T L A G U N E R A E O F D
A I B A E N D T F R M M X B
N E O N S N Y F L A M M L O
D T O L W T Q R M P E T C U
D O T Q B E K Q Z L N Z G L
O R K H O Z R R T U T R T Y
E H Z T S A N D A L E N K F
K K U S T I J W Y B W D Z I
B L A U W E I L A N D N C I
```

BLAUW
BOOT
KUST
KRAB
DOK
EILAND
LAGUNE
OCEAAN
RIF
ZEILBOOT
ZAND
SANDALEN
ZEE
SCHELPEN
ZON
ZWEMMEN
HANDDOEK
PARAPLU
VAKANTIE

83 - Adjectives #1

```
Q C F Y Q P P Y G A R L D A
A H V A R T I S T I E K M A
E B E E R L I J K D X A O N
Z E R N S T I G D O O M D T
B L A N G Z A A M N T B E R
G A B S O L U U T K I I R E
Z N V G D D U N L E S T N K
W G U L U Q A A C R C I G K
A R O M A T I S C H H E K E
A I I D E N T I E K Q U E L
R J P J X J N B M D K S B I
U K W A A R D E V O L E T J
G E L U K K I G X O O R Q K
B E H U L P Z A A M U I Z B
```

ABSOLUUT
AMBITIEUS
AROMATISCH
ARTISTIEK
AANTREKKELIJK
MOOI
DONKER
EXOTISCH
GUL
GELUKKIG

ZWAAR
BEHULPZAAM
EERLIJK
IDENTIEK
BELANGRIJK
MODERN
ERNSTIG
LANGZAAM
DUN
WAARDEVOL

84 - Rainforest

```
R E S T A U R A T I E W S O
F I A Y B H O X C M I O O V
Q J M D E I H V R E Y L O E
A D F I H P G R Y A C K R R
I T I V O L X O I H J E T L
N O B E U K K A H D E N R E
H E I R D L R E S P E C T V
E V E S J I D W V F T O J I
E L Ë I N M O S K O X T M N
M U N T P A S K W I G N B G
S C B E K A T Y B A A E R V
O H E I D T J U N G L E L T
A T O T V F T H U J H H U S
I N S E C T E N T R W T D L
```

AMFIBIEËN
VOGELS
KLIMAAT
WOLKEN
DIVERSITEIT
INHEEMS
INSECTEN
JUNGLE

MOS
NATUUR
BEHOUD
TOEVLUCHT
RESPECT
RESTAURATIE
SOORT
OVERLEVING

85 - Technology

```
V E I L I G H E I D H S D K
V I R U S J V B L O G T I W
C S C H E R M F Y S D A N B
Q U B G B D Z E O T I T T E
N H R S O F T W A R E I E S
A U E S R W T O R B G S R T
G R G C O M P U T E R T N A
E Q K A Y R I W Q R W I E N
C R K M M Y J T O I I E T D
G E G E V E N S G C A K R O
J V I R T U E E L H L J P Z
A T T A B D I G I T A A L X
B R O W S E R X G F N B K X
C Y I O N D E R Z O E K L B
```

BLOG
BROWSER
BYTES
CAMERA
COMPUTER
CURSOR
GEGEVENS
DIGITAAL
BESTAND

INTERNET
BERICHT
ONDERZOEK
SCHERM
VEILIGHEID
SOFTWARE
STATISTIEK
VIRTUEEL
VIRUS

86 - Landscapes

```
X V J E E E W I K R H Y R I
T U M G G J W O Z K P P B J
Q L I T V A L L E I H K A S
E K E E Z J H P E S X U H B
T A T O E N D R A Z T R V E
G A Y A O M O E R A S I Y R
R N H S W C H E U V E L J G
O O M E E R E R I V I E R N
T H Y U V G L A E O B O X L
G L E T S J E R A I T U Q T
W A T E R V A L C N L V K A
S L Q G E I S E R L Y A P L
S C H I E R E I L A N D N R
B E R G S T R A N D Q I D D
```

STRAND
GROT
WOESTIJN
GEISER
GLETSJER
HEUVEL
IJSBERG
EILAND
MEER
BERG

OASE
OCEAAN
SCHIEREILAND
RIVIER
ZEE
MOERAS
TOENDRA
VALLEI
VULKAAN
WATERVAL

87 - Visual Arts

```
Y F M J W K A R T I E S T A
K I X T O L R O R E T B C R
M E E S T E R W E R K C N C
Y S S C H I L D E R I J U H
T T P E R S P E C T I E F I
B E E L D H O U W W E R K T
H N J E R X P W W Y P K R E
L C F O T O O E A N O E I C
H I W I Z E R F P S T R J T
A L L T L Y T B A R L A T U
E Z E L P M R W T L O M Y U
W O Q C E R E N J P O I H R
G N P N N C T H H X D E V L
H O U T S K O O L P Y K L U
```

ARCHITECTUUR
ARTIEST
KERAMIEK
KRIJT
HOUTSKOOL
KLEI
EZEL
FILM
MEESTERWERK
SCHILDERIJ
PEN
POTLOOD
PERSPECTIEF
FOTO
PORTRET
BEELDHOUWWERK
STENCIL
WAS

88 - Plants

```
L G K D G R A S F S G H E H
B O O N B E V S R W S B V H
J B W G A U B O S N W V E G
N L Q P M J K L I M O P M S
M O D L B K X E A T R R O H
V E M A O T B T F D T V S Q
E M S N E E C B L O E M C H
G B T T Q G I Z O T L R T L
E L E K T U I N R V N P T Q
T A N U E B L C A C T U S E
A D G N S T R U I K I F W C
T K E D M K C E B O O M Y H
I B L E W R G J N O R O G J
E F Y N I M C O A H T O J X
```

BAMBOE BOS
BOON TUIN
BES GRAS
PLANTKUNDE KLIMOP
STRUIK MOS
CACTUS BLOEMBLAD
MEST WORTEL
FLORA STENGEL
BLOEM BOOM
GEBLADERTE VEGETATIE

89 - Countries #2

```
W S O M A L I Ë Q H E T N O
P R U S L A N D U H G Z I E
U S Z A B S Z H P Q R B G K
P F K J A M A I C A I Z E R
M A D E N E M A R K E N R A
S E K L I B E R I A K X I Ï
N O X I L A O S K Q E Z A N
E Z E I S Y R I Ë W N M S E
P H C D C T Y S M N L Y R H
A J R L A O A O E G A N D A
L E O R X N L N Y V N P F Ï
L I B A N O N B X Y D J V T
E T H I O P I Ë Y A E K K I
H X E J A P A N M E H X B K
```

ALBANI
DENEMARKEN
ETHIOPIË
GRIEKENLAND
HAÏTI
JAMAICA
JAPAN
LAOS
LIBANON
LIBERIA
MEXICO
NEPAL
NIGERIA
PAKISTAN
RUSLAND
SOMALIË
SOEDAN
SYRIË
OEGANDA
OEKRAÏNE

90 - Ecology

```
O M C N I J C Q L D V V P
G V A A O B P P O U P M L
V L E R G L H P E U F R R A
E T O R I P M O E R A S I N
G A F B L N K N V Z U M Ë T
E K L R A E I L K A N P T E
T L O Z O A V E G A A P E N
A I R F Q P L I R M Z H I N
T M A H L A C M N W V A T A
I A A B J Z D J F G C B C T
E A D I V E R S I T E I T U
H T B E R G E N A W K T Q U
D R O O G T E Y L A V A Q R
S O O R T H Q U Q W O T V H
```

KLIMAAT
DIVERSITEIT
DROOGTE
FAUNA
FLORA
GLOBAAL
HABITAT
MARINIER
MOERAS

BERGEN
NATUUR
PLANTEN
SOORT
OVERLEVING
DUURZAAM
VARIËTEIT
VEGETATIE

91 - Adjectives #2

```
S X Y T R W H T X B Q W R N
K O N I E U W E R H S I A B
B E R O E M D D E O Q L A E
H O N G E R I G G T T D U G
E P R O D U C T I E F S T A
D R A M A T I S C H Z Y H A
W J L A I D F Z O G V O E F
B E S C H R I J V E N D N D
T O Z O U T E L E G A N T D
S L A P E R I G J U R I I Q
S T E R K R C R E A T I E F
I N T E R E S S A N T Z K W
N A T U U R L I J K E V C N
D R O O G J R W H L D G G W
```

AUTHENTIEK
CREATIEF
BESCHRIJVEND
DRAMATISCH
DROOG
ELEGANT
BEROEMD
BEGAAFD
GEZOND
HEET

HONGERIG
INTERESSANT
NATUURLIJK
NIEUW
PRODUCTIEF
TROTS
ZOUT
SLAPERIG
STERK
WILD

92 - Math

```
G E O M E T R I E F V V F Z
D H S O M K B P B I E I R D
D O K V C S J K K D E E A K
R E L L O Q F O L S L R C E
I K C D S L Q T A T H K T X
E E C I Y D U F F R O A I P
H N I V M D E M W A E N E O
O T J I M A P U E A K T R N
E T F S E P A R A L L E L E
K L E I T B N L T K E A A N
E W R E R O M T R E K C R T
O D S S I D I A M E T E R A
B F I K E R E C H T H O E K
D V R E K E N K U N D I G N
```

HOEKEN
REKENKUNDIG
OMTREK
DECIMAAL
DIAMETER
DIVISIE
EXPONENT
FRACTIE
GEOMETRIE
CIJFERS

PARALLEL
VEELHOEK
STRAAL
RECHTHOEK
VIERKANT
SOM
SYMMETRIE
DRIEHOEK
VOLUME

93 - Water

```
K R B G V S O M O E S S O N
C I G O E G V O R S T N R D
R V E L R F E G E T T E K B
G I I V D J R A G O F E A Q
V E S E A X S G E O P U A Y
M R E N M B T C N M N W N A
J E R V P A R O W V C T V T
V I E S I D O U C H E M O R
A O T R N K M B G E C C C R
O V C R G I I J S I A T H A
A G A H K A N A A L F A T N
I C J P T P G T N C P D N O
H D G I Z I R R I G A T I E
V O C H T I G H E I D R Y M
```

KANAAL
VOCHTIG
VERDAMPING
OVERSTROMING
VORST
GEISER
VOCHTIGHEID
ORKAAN
IJS
IRRIGATIE

MEER
VOCHT
MOESSON
OCEAAN
REGEN
RIVIER
DOUCHE
SNEEUW
STOOM
GOLVEN

94 - Activities

```
U P K H G P H H P J N C L A
H L A D A N S E N S J U E M
P E M N U X V N G C R I Z B
A Z P F O T O G R A F I E A
R I E K E L B E W Y M X N C
R E R U Z W E L A J V E T H
K R E N P U L S N F R Z S T
C E N S V X A P D J I H W E
I R R T G F N O E A J O X N
T X U A X P G R L C E Q C A
Z U I R M O E T E H T G R A
B D P U H I N B N T I Q H I
D T U I N I E R E N J O J E
M A G I E E S K L A D L W N
```

KUNST
KAMPEREN
KERAMIEK
AMBACHTEN
DANSEN
HENGELSPORT
GAMES
TUINIEREN
WANDELEN

JACHT
BELANGEN
VRIJE TIJD
MAGIE
FOTOGRAFIE
PLEZIER
LEZEN
NAAIEN

95 - Literature

```
A N A J P Q K R G S L B A T
Q I N Z S S T I J L H I Z R
S W E V F I C T I E V O L A
Z B K L G O F M W B E G B G
G W D V I B J E C M R R J E
K T O L F P O A O E T A P D
Q J T J G S F V N T E F O I
T P E B Y E J G C A L I Ë E
A N A L O G I E L F L E T A
R O M A N G W D U O E Y I U
D I A L O O G I S O R V S T
L V J D I T A C I R M F C E
A N J M U L H H E I R M H U
E H F J T M Y T H E M A M R
```

ANALOGIE
ANALYSE
ANEKDOTE
AUTEUR
BIOGRAFIE
CONCLUSIE
DIALOOG
FICTIE
METAFOOR

VERTELLER
ROMAN
GEDICHT
POËTISCH
RIJM
RITME
STIJL
THEMA
TRAGEDIE

96 - Geography

```
X L D B R E G I O H Y P H W
H A M R R I V I E R E E V E
A N T E I L A N D T C J V R
L D E E S U T H O O G T E E
F O P D X U L E X O C Z L L
R E X T R A A U S K R U D D
O G W E T Y S H H J N D L V
N D E G R O N D G E B I E D
D A S R Z U I D E N L P K N
X S T A D E N I J T J E A P
O C E A A N E S Z B Z C A M
F V N D N D F T B E R G R O
M E R I D I A A N G H J T E
C O N T I N E N T Z V P S W
```

HOOGTE
ATLAS
STAD
CONTINENT
LAND
HALFROND
EILAND
BREEDTEGRAAD
KAART
MERIDIAAN

BERG
NOORDEN
OCEAAN
REGIO
RIVIER
ZEE
ZUIDEN
GRONDGEBIED
WESTEN
WERELD

97 - Pets

```
K N H Y K H A G E D I S S P
R K O E A L W U K E D H C A
A A N M T Y A Q L G R A H P
A T D M J A T U V S R M I E
G H V V E B E S W L I S L G
M V O J C O R B E E M T D A
D I E R E N A R T S N E P A
S S D K O N I J N I G R A I
T W S P O T E N E E E L D M
A T E Q U Z R F C M I S H C
A N L I Q P R Z A U T B D X
R E J J N B P V Z I Z O O D
T F V C R Y B Y N S L F L D
T L K N Y O C R M U K M Q Z
```

KAT
KLAUWEN
KRAAG
KOE
HOND
VIS
VOEDSEL
GEIT
HAMSTER
KATJE

HAGEDIS
MUIS
PAPEGAAI
POTEN
PUPPY
KONIJN
STAART
SCHILDPAD
DIERENARTS
WATER

98 - Nature

```
D H H W G A U P X X G W J G
Y B E O E T R O P I S C H L
N S I E B O S C B I J E N E
A E L S L N C K T V R T H T
M R I T A E H T Z I U L V S
I E G I D R O P F T S V L J
S E D J E O O K J A T C O E
C N O N R S N Y Y A I B H R
H R M B T I H K W L G E X L
I C I D E E E U V O W I L D
I R S V I T I O C D L L G S
X F T R I I D N E H X K E Y
O C C I P E S K L I P P E N
K H L D I E R E N Q N G I N
```

DIEREN
ARCTISCH
SCHOONHEID
BIJEN
KLIPPEN
WOLKEN
WOESTIJN
DYNAMISCH
EROSIE
MIST

GEBLADERTE
BOS
GLETSJER
RUSTIG
RIVIER
HEILIGDOM
SEREEN
TROPISCH
VITAAL
WILD

99 - Championship

```
Z G S T E Y N Z J O M Y F D
S E V T E T O E R N O O I Q
K B G H R A P T M V T C N I
A X N E F A M K Z L I G A L
M I G L W S T T H V V M L F
P I L H X P R E S T A T I E
I G D B H Z H F G H T U S K
O A A D E M E N Z I I Q T M
E M E D A I L L E P E P C E
N E N L S E O R E C H T E R
T S T R A N S P I R A T I E
K A M P I O E N S C H A P M
J A T D K V D Q L O I L D Y
T R A I N E R S P O R T Q J
```

KAMPIOEN
KAMPIOENSCHAP
TRAINER
FINALIST
GAMES
RECHTER
LIGA
MEDAILLE
MOTIVATIE

PRESTATIE
TRANSPIRATIE
SPORT
STRATEGIE
TEAM
ADEMEN
TOERNOOI
ZEGE

100 - Vacation #2

```
T E S B S W G K A A R T L F
L U C H T H A V E N J R W X
F K J V A K A N T I E E X U
K A M P E R E N A T Q I R X
Z E E V B N O Q X N E N A K
T C P I J E S E I L A N D Y
Q M C S S T R A N D B M T U
K A F U K X I G O E A V K C
I W Y M R B N V E R V O E R
H B U I T E N L A N D E R E
O V B P V R I J E T I J D L
T S M C B E S T E M M I N G
E E Z B U I T E N L A N D S
L Q S P A S P O O R T V P O
```

LUCHTHAVEN   VRIJE TIJD
STRAND   KAART
KAMPEREN   BERGEN
BESTEMMING   PASPOORT
BUITENLANDS   ZEE
BUITENLANDER   TAXI
VAKANTIE   TENT
HOTEL   TREIN
EILAND   VERVOER
REIS   VISUM

1 - Food #1
2 - Castles
3 - Exploration
4 - Measurements
5 - Farm #2
6 - Books
7 - Meditation
8 - Days and Months
9 - Chess
10 - Food #2
11 - Family
12 - Farm #1

13 - Camping
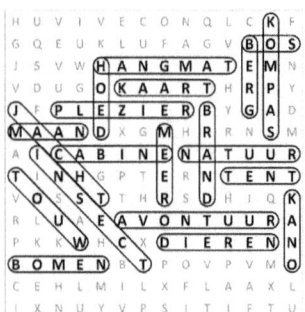

14 - Conservation

15 - Cats
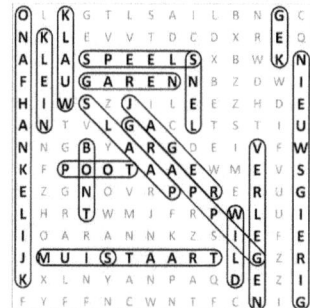

16 - Numbers
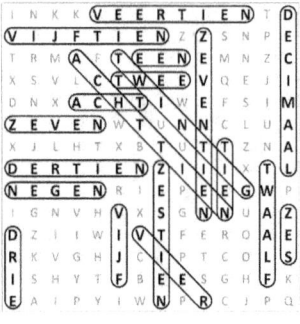

17 - Spices
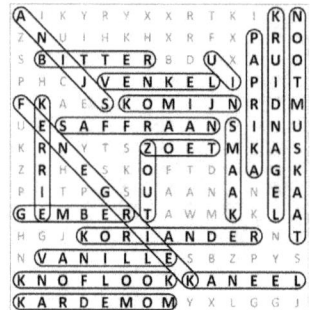

18 - Mammals
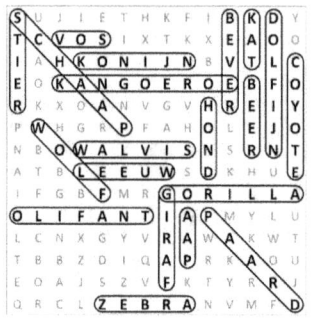

19 - Fishing
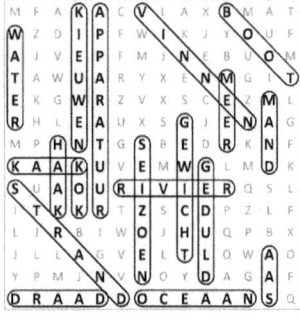

20 - Restaurant #1
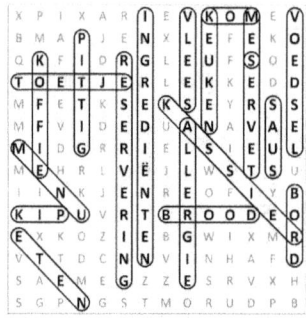

21 - Bees
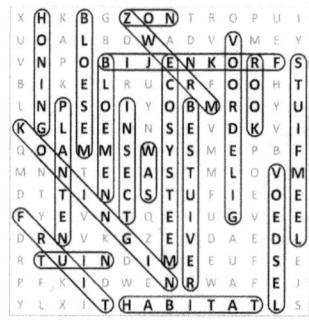

22 - Sports
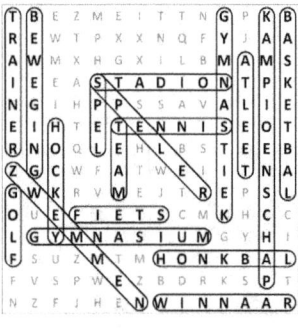

23 - Weather
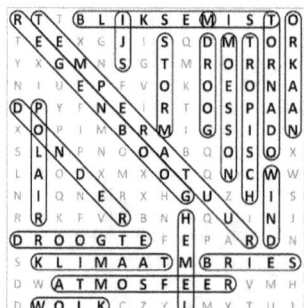

24 - Adventure
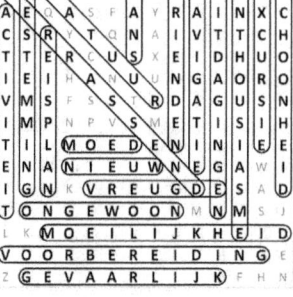

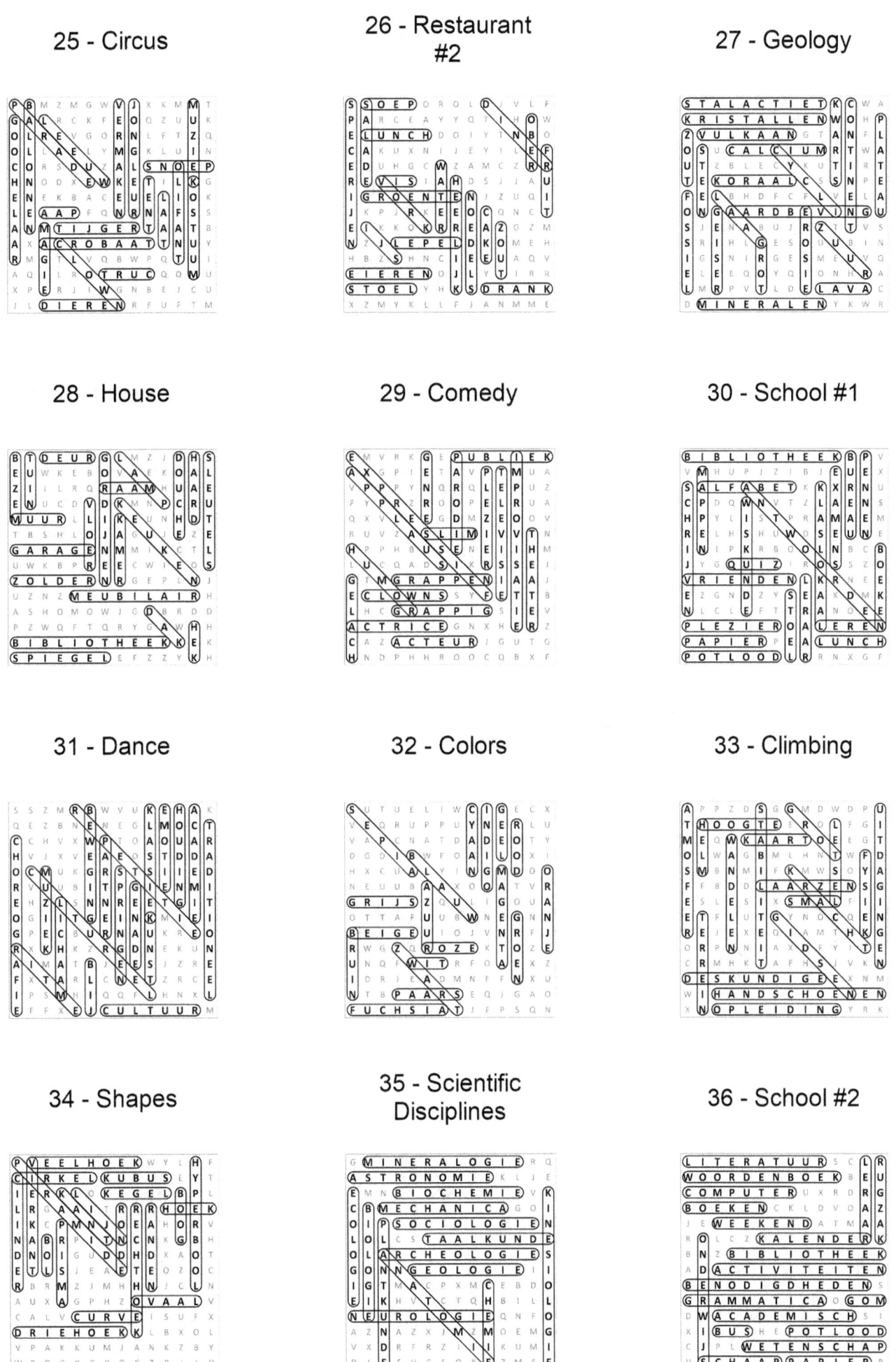

37 - Science
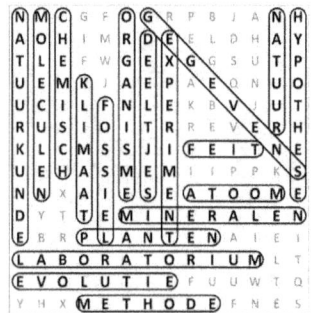

38 - To Fill

39 - Summer
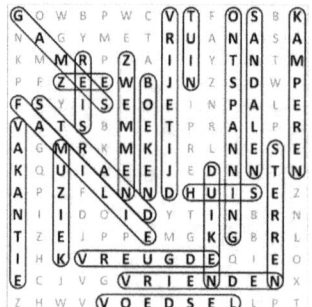

40 - Clothes
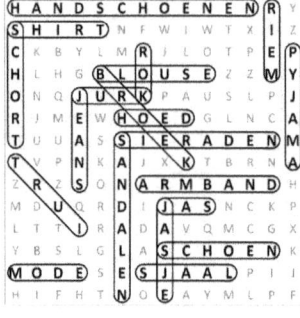

41 - Insects
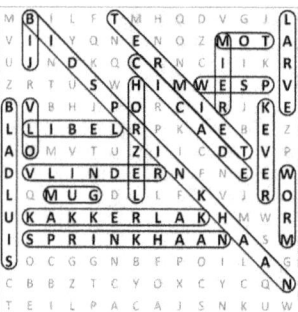

42 - Astronomy
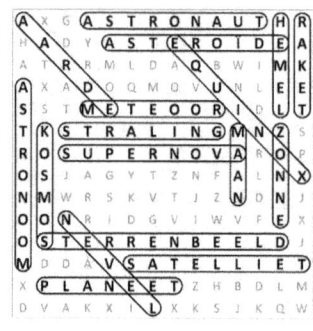

43 - Pirates
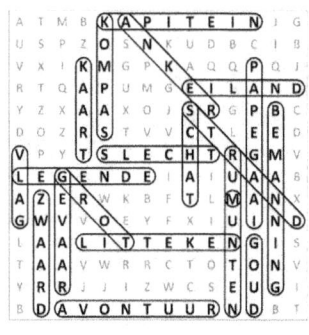

44 - Time
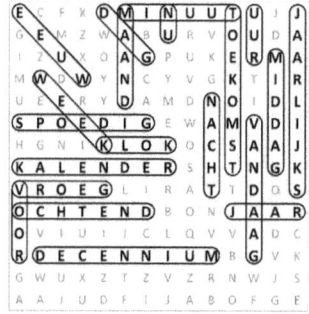

45 - Buildings

46 - Herbalism
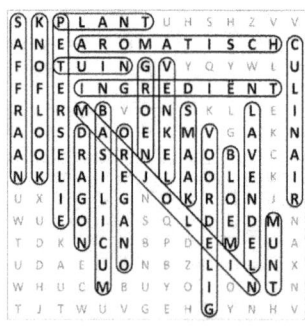

47 - Toys
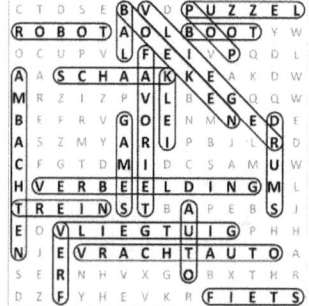

48 - Vehicles
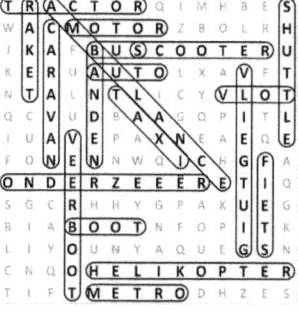

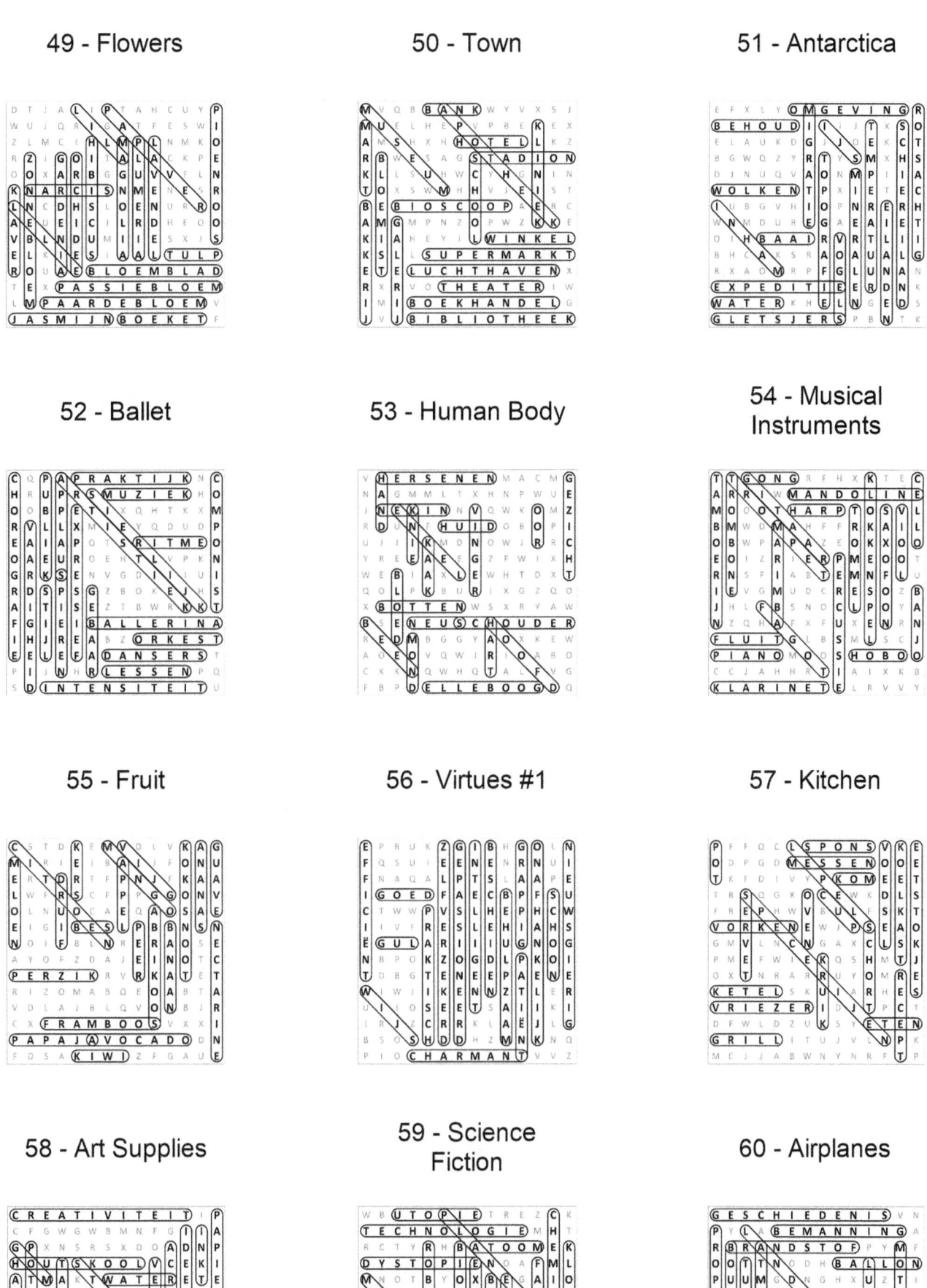

61 - Ocean
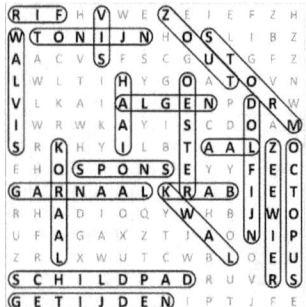

62 - Birds

63 - Art
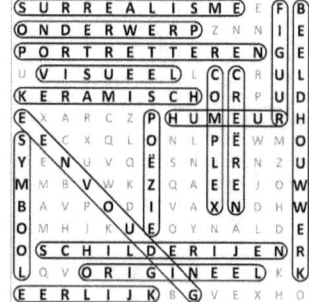

64 - Nutrition
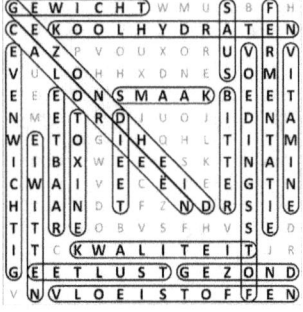

65 - Hiking
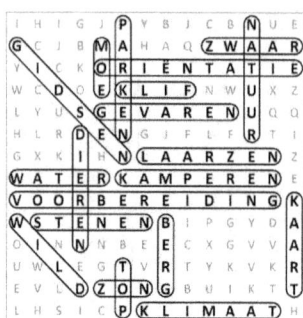

66 - Professions #1
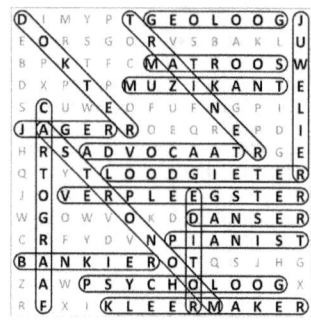

67 - Dinosaurs
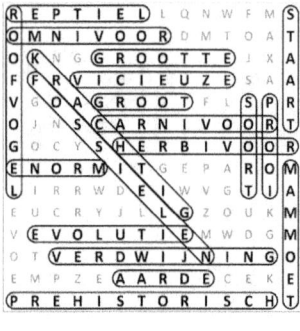

68 - Barbecues
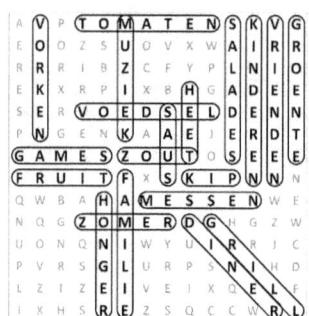

69 - Surfing
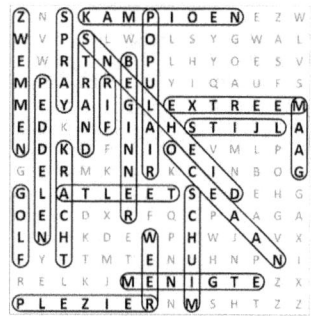

70 - Chocolate
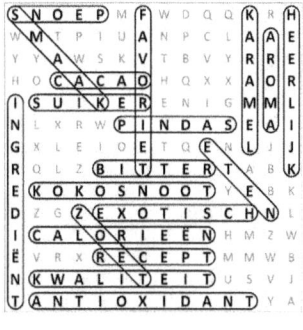

71 - Vegetables
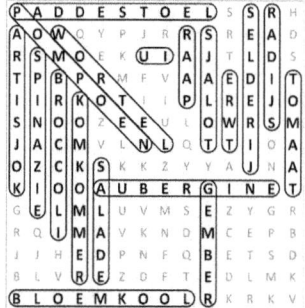

72 - Boats
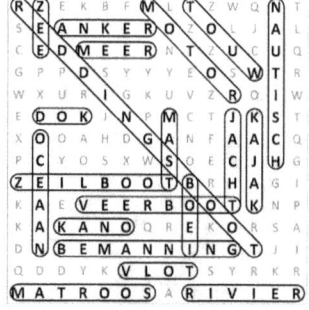

73 - Activities and Leisure

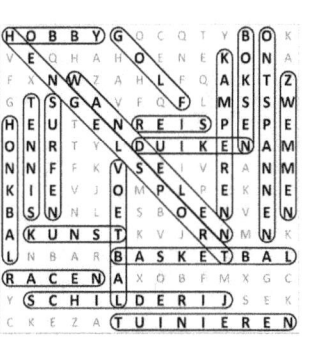

74 - Driving

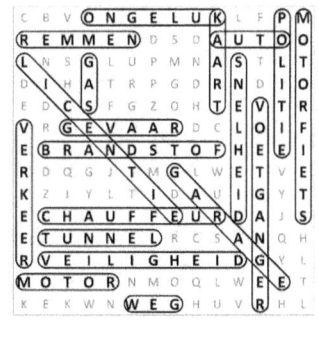

75 - Professions #2

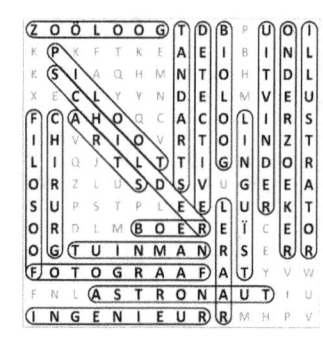

76 - Emotions

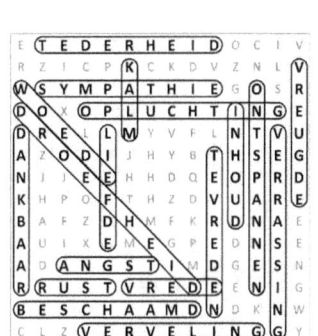

77 - Mythology

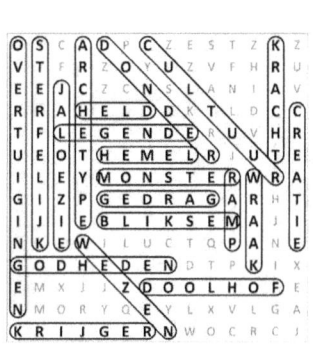

78 - Hair Types

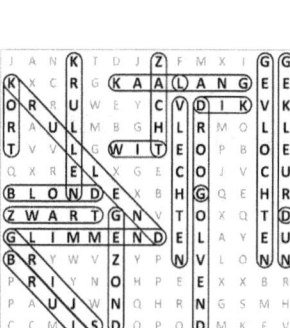

79 - Furniture

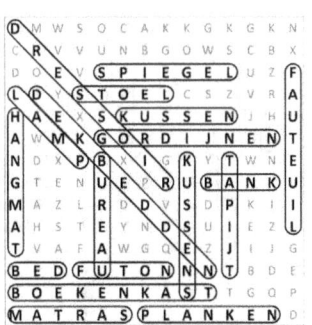

80 - Garden

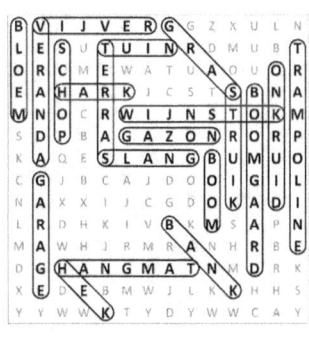

81 - Birthday

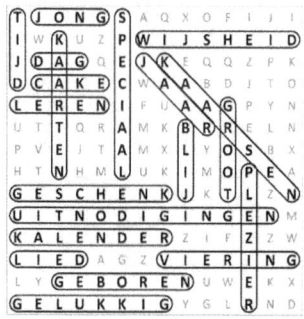

82 - Beach

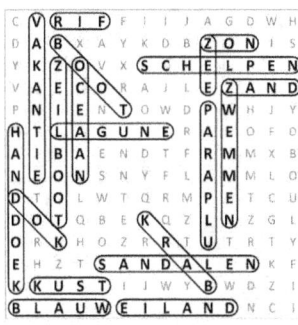

83 - Adjectives #1

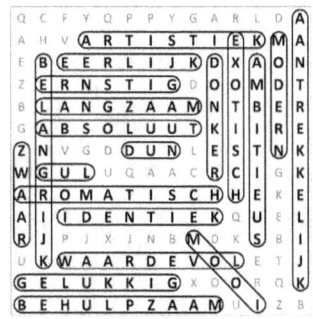

84 - Rainforest

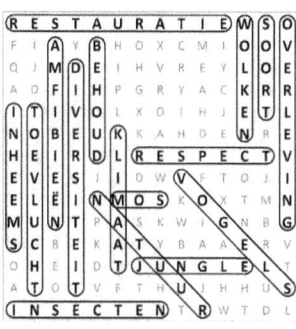

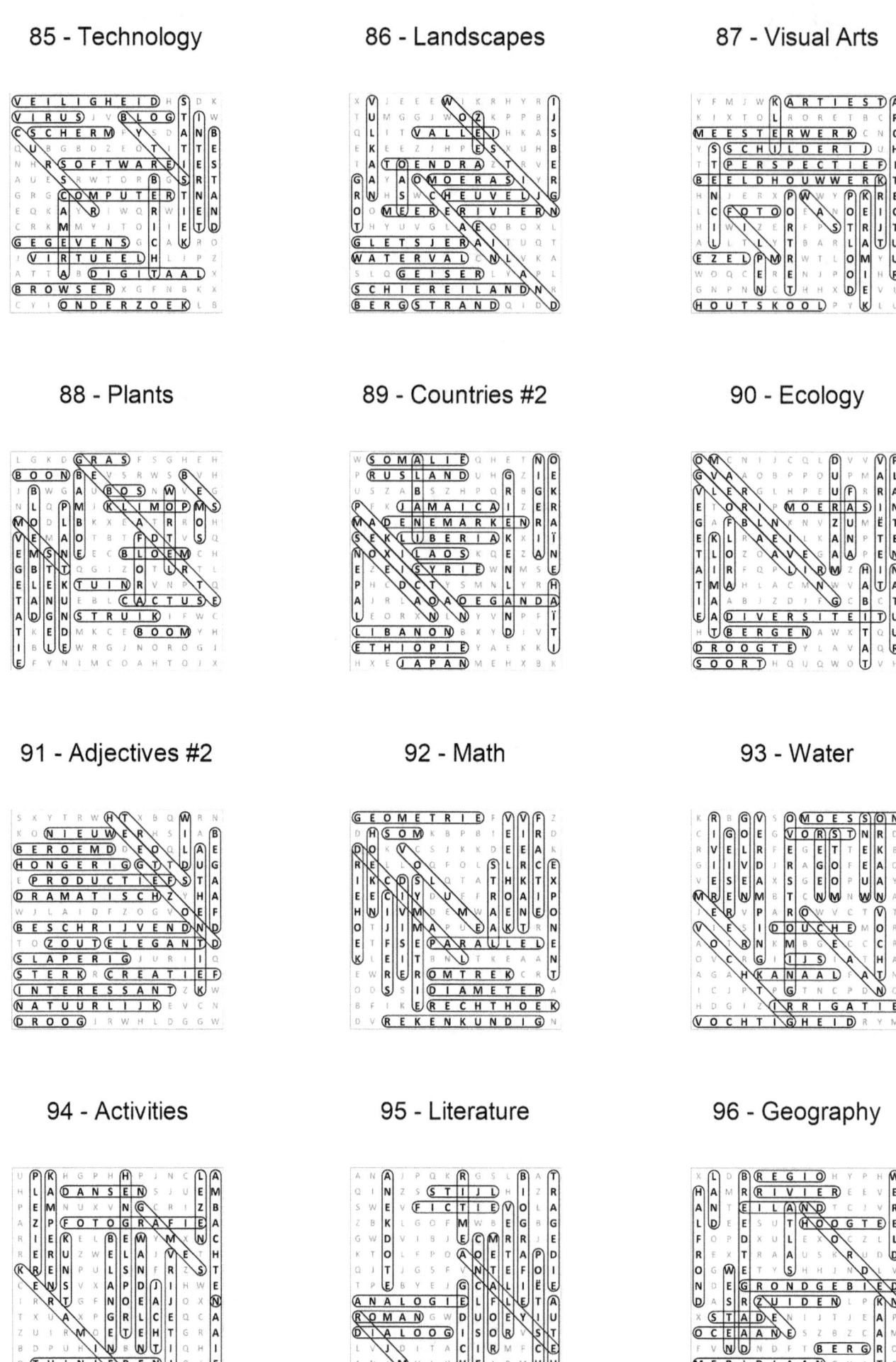

97 - Pets
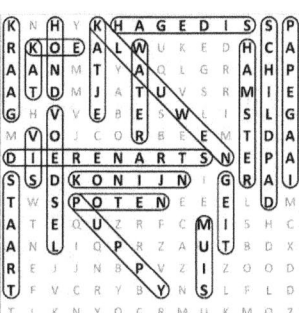

98 - Nature
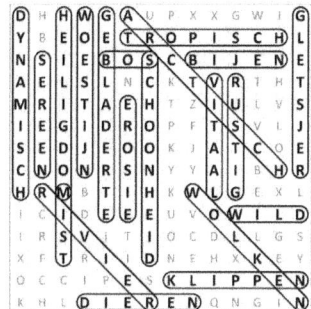

99 - Championship
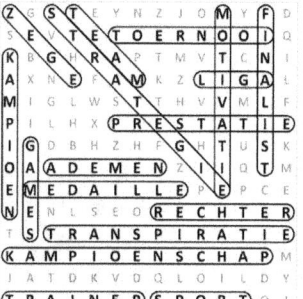

100 - Vacation #2
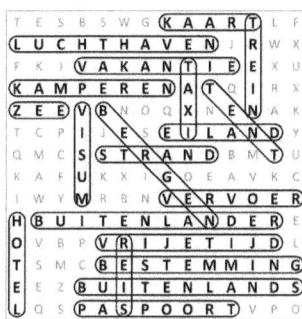

Dictionary

Activities
Activiteiten

Activity	Activiteit
Art	Kunst
Camping	Kamperen
Ceramics	Keramiek
Crafts	Ambachten
Dancing	Dansen
Fishing	Hengelsport
Games	Games
Gardening	Tuinieren
Hiking	Wandelen
Hunting	Jacht
Interests	Belangen
Leisure	Vrije Tijd
Magic	Magie
Photography	Fotografie
Pleasure	Plezier
Reading	Lezen
Relaxation	Ontspanning
Sewing	Naaien
Skill	Vaardigheid

Activities and Leisure
Activiteiten en Vrije Ti

Art	Kunst
Baseball	Honkbal
Basketball	Basketbal
Boxing	Boksen
Camping	Kamperen
Diving	Duiken
Fishing	Hengelsport
Gardening	Tuinieren
Golf	Golf
Hiking	Wandelen
Hobbies	Hobby
Painting	Schilderij
Racing	Racen
Relaxing	Ontspannen
Soccer	Voetbal
Surfing	Surfen
Swimming	Zwemmen
Tennis	Tennis
Travel	Reis
Volleyball	Volleybal

Adjectives #1
Bijvoeglijke Naamwoorden

Absolute	Absoluut
Ambitious	Ambitieus
Aromatic	Aromatisch
Artistic	Artistiek
Attractive	Aantrekkelijk
Beautiful	Mooi
Dark	Donker
Exotic	Exotisch
Generous	Gul
Happy	Gelukkig
Heavy	Zwaar
Helpful	Behulpzaam
Honest	Eerlijk
Identical	Identiek
Important	Belangrijk
Modern	Modern
Serious	Ernstig
Slow	Langzaam
Thin	Dun
Valuable	Waardevol

Adjectives #2
Bijvoeglijke Naamwoorden

Authentic	Authentiek
Creative	Creatief
Descriptive	Beschrijvend
Dramatic	Dramatisch
Dry	Droog
Elegant	Elegant
Famous	Beroemd
Gifted	Begaafd
Healthy	Gezond
Hot	Heet
Hungry	Hongerig
Interesting	Interessant
Natural	Natuurlijk
New	Nieuw
Productive	Productief
Proud	Trots
Salty	Zout
Sleepy	Slaperig
Strong	Sterk
Wild	Wild

Adventure
Avontuur

Activity	Activiteit
Beauty	Schoonheid
Bravery	Moed
Challenges	Uitdagingen
Chance	Kans
Dangerous	Gevaarlijk
Destination	Bestemming
Difficulty	Moeilijkheid
Enthusiasm	Enthousiasme
Excursion	Excursie
Friends	Vrienden
Itinerary	Reisplan
Joy	Vreugde
Nature	Natuur
Navigation	Navigatie
New	Nieuw
Preparation	Voorbereiding
Safety	Veiligheid
Surprising	Verrassend
Unusual	Ongewoon

Airplanes
Vliegtuigen

Adventure	Avontuur
Air	Lucht
Atmosphere	Atmosfeer
Balloon	Ballon
Construction	Bouw
Crew	Bemanning
Descent	Afdaling
Design	Ontwerp
Direction	Richting
Engine	Motor
Fuel	Brandstof
Height	Hoogte
History	Geschiedenis
Hydrogen	Waterstof
Landing	Landen
Passenger	Passagier
Pilot	Piloot
Propellers	Propellers
Sky	Hemel
Turbulence	Turbulentie

Antarctica
Antarctica

Bay	Baai
Birds	Vogels
Clouds	Wolken
Conservation	Behoud
Continent	Continent
Cove	Inham
Environment	Omgeving
Expedition	Expeditie
Geography	Geografie
Glaciers	Gletsjers
Ice	Ijs
Islands	Eilanden
Migration	Migratie
Minerals	Mineralen
Peninsula	Schiereiland
Researcher	Onderzoeker
Rocky	Rotsachtig
Temperature	Temperatuur
Topography	Topografie
Water	Water

Art
Kunst

Ceramic	Keramisch
Complex	Complex
Composition	Samenstelling
Create	Creëren
Expression	Uitdrukking
Figure	Figuur
Honest	Eerlijk
Inspired	Geïnspireerd
Mood	Humeur
Original	Origineel
Paintings	Schilderijen
Personal	Persoonlijk
Poetry	Poëzie
Portray	Portretteren
Sculpture	Beeldhouwwerk
Simple	Eenvoudig
Subject	Onderwerp
Surrealism	Surrealisme
Symbol	Symbool
Visual	Visueel

Art Supplies
Kunstbenodigdheden

Acrylic	Acryl
Brushes	Borstels
Camera	Camera
Chair	Stoel
Charcoal	Houtskool
Clay	Klei
Colors	Kleuren
Creativity	Creativiteit
Easel	Ezel
Eraser	Gom
Glue	Lijm
Ideas	Ideeën
Ink	Inkt
Oil	Olie
Paints	Verf
Paper	Papier
Pencils	Potloden
Table	Tafel
Water	Water
Watercolors	Aquarellen

Astronomy
Astronomie

Asteroid	Asteroïde
Astronaut	Astronaut
Astronomer	Astronoom
Constellation	Sterrenbeeld
Cosmos	Kosmos
Earth	Aarde
Eclipse	Verduistering
Equinox	Equinox
Meteor	Meteoor
Moon	Maan
Nebula	Nevel
Observatory	Observatorium
Planet	Planeet
Radiation	Straling
Rocket	Raket
Satellite	Satelliet
Sky	Hemel
Solar	Zonne
Supernova	Supernova
Zodiac	Dierenriem

Ballet
Ballet

Applause	Applaus
Artistic	Artistiek
Audience	Publiek
Ballerina	Ballerina
Choreography	Choreografie
Composer	Componist
Dancers	Dansers
Expressive	Expressief
Gesture	Gebaar
Graceful	Sierlijk
Intensity	Intensiteit
Lessons	Lessen
Muscles	Spieren
Music	Muziek
Orchestra	Orkest
Practice	Praktijk
Rhythm	Ritme
Skill	Vaardigheid
Style	Stijl
Technique	Techniek

Barbecues
Barbecues

Chicken	Kip
Children	Kinderen
Dinner	Diner
Family	Familie
Food	Voedsel
Forks	Vorken
Friends	Vrienden
Fruit	Fruit
Games	Games
Grill	Grill
Hot	Heet
Hunger	Honger
Knives	Messen
Music	Muziek
Salads	Salades
Salt	Zout
Sauce	Saus
Summer	Zomer
Tomatoes	Tomaten
Vegetables	Groente

Beach
Strand

Blue	Blauw
Boat	Boot
Coast	Kust
Crab	Krab
Dock	Dok
Island	Eiland
Lagoon	Lagune
Ocean	Oceaan
Reef	Rif
Sailboat	Zeilboot
Sand	Zand
Sandals	Sandalen
Sea	Zee
Shells	Schelpen
Sun	Zon
To Swim	Zwemmen
Towel	Handdoek
Umbrella	Paraplu
Vacation	Vakantie

Bees
Bijen

Beneficial	Voordelig
Blossom	Bloesem
Diversity	Diversiteit
Ecosystem	Ecosysteem
Flowers	Bloemen
Food	Voedsel
Fruit	Fruit
Garden	Tuin
Habitat	Habitat
Hive	Bijenkorf
Honey	Honing
Insect	Insect
Plants	Planten
Pollen	Stuifmeel
Pollinator	Bestuiver
Queen	Koningin
Smoke	Rook
Sun	Zon
Swarm	Zwerm
Wax	Was

Birds
Vogels

Canary	Kanarie
Chicken	Kip
Crow	Kraai
Cuckoo	Koekoek
Duck	Eend
Eagle	Adelaar
Egg	Ei
Flamingo	Flamingo
Goose	Gans
Gull	Meeuw
Heron	Reiger
Ostrich	Struisvogel
Parrot	Papegaai
Peacock	Pauw
Pelican	Pelikaan
Penguin	Pinguïn
Sparrow	Mus
Stork	Ooievaar
Swan	Zwaan
Toucan	Toekan

Birthday
Verjaardag

Born	Geboren
Cake	Cake
Calendar	Kalender
Candles	Kaarsen
Cards	Kaarten
Celebration	Viering
Day	Dag
Fun	Plezier
Gift	Geschenk
Great	Groot
Happy	Gelukkig
Invitations	Uitnodigingen
Joyful	Blij
Song	Lied
Special	Speciaal
Time	Tijd
To Learn	Leren
Wisdom	Wijsheid
Year	Jaar
Young	Jong

Boats
Boten

Anchor	Anker
Buoy	Boei
Canoe	Kano
Crew	Bemanning
Dock	Dok
Engine	Motor
Ferry	Veerboot
Kayak	Kajak
Lake	Meer
Lifeboat	Reddingsboot
Mast	Mast
Nautical	Nautisch
Ocean	Oceaan
Raft	Vlot
River	Rivier
Rope	Touw
Sailboat	Zeilboot
Sailor	Matroos
Sea	Zee
Yacht	Jacht

Books
Boeken

Adventure	Avontuur
Author	Auteur
Collection	Collectie
Context	Context
Duality	Dualiteit
Epic	Episch
Historical	Historisch
Humorous	Humoristisch
Inventive	Inventief
Literary	Literair
Narrator	Verteller
Novel	Roman
Page	Bladzijde
Poem	Gedicht
Poetry	Poëzie
Reader	Lezer
Relevant	Relevant
Story	Verhaal
Tragic	Tragisch
Written	Geschreven

Buildings
Gebouwen

Apartment	Appartement
Barn	Schuur
Cabin	Cabine
Castle	Kasteel
Cinema	Bioscoop
Embassy	Ambassade
Factory	Fabriek
Hospital	Ziekenhuis
Hostel	Herberg
Hotel	Hotel
Laboratory	Laboratorium
Museum	Museum
Observatory	Observatorium
School	School
Stadium	Stadion
Supermarket	Supermarkt
Tent	Tent
Theater	Theater
Tower	Toren
University	Universiteit

Camping
Camping

Adventure	Avontuur
Animals	Dieren
Cabin	Cabine
Canoe	Kano
Compass	Kompas
Fire	Brand
Forest	Bos
Fun	Plezier
Hammock	Hangmat
Hat	Hoed
Hunting	Jacht
Insect	Insect
Lake	Meer
Map	Kaart
Moon	Maan
Mountain	Berg
Nature	Natuur
Rope	Touw
Tent	Tent
Trees	Bomen

Castles
Kastelen

Armor	Harnas
Catapult	Katapult
Crown	Kroon
Dragon	Draak
Dungeon	Kerker
Dynasty	Dynastie
Empire	Rijk
Feudal	Feodaal
Horse	Paard
Kingdom	Koninkrijk
Knight	Ridder
Noble	Edele
Palace	Paleis
Prince	Prins
Princess	Prinses
Shield	Schild
Sword	Zwaard
Tower	Toren
Unicorn	Eenhoorn
Wall	Muur

Cats
Katten

Claw	Klauw
Crazy	Gek
Curious	Nieuwsgierig
Fast	Snel
Funny	Grappig
Fur	Bont
Hunter	Jager
Independent	Onafhankelijk
Little	Klein
Mouse	Muis
Paw	Poot
Playful	Speels
Shy	Verlegen
Sleep	Slaap
Tail	Staart
Wild	Wild
Yarn	Garen

Championship
Kampioenschap

Champion	Kampioen
Championship	Kampioenschap
Coach	Trainer
Finalist	Finalist
Games	Games
Judge	Rechter
League	Liga
Medal	Medaille
Motivation	Motivatie
Performance	Prestatie
Perspiration	Transpiratie
Sports	Sport
Strategy	Strategie
Team	Team
To Breathe	Ademen
Tournament	Toernooi
Victory	Zege

Chess
Schaken

Black	Zwart
Challenges	Uitdagingen
Champion	Kampioen
Clever	Slim
Contest	Wedstrijd
Diagonal	Diagonaal
Game	Spel
King	Koning
Opponent	Tegenstander
Passive	Passief
Player	Speler
Points	Punten
Queen	Koningin
Rules	Reglement
Sacrifice	Offer
Strategy	Strategie
Time	Tijd
To Learn	Leren
Tournament	Toernooi
White	Wit

Chocolate
Chocolade

Antioxidant	Antioxidant
Aroma	Aroma
Artisanal	Artisanaal
Bitter	Bitter
Cacao	Cacao
Calories	Calorieën
Candy	Snoep
Caramel	Karamel
Coconut	Kokosnoot
Delicious	Heerlijk
Exotic	Exotisch
Favorite	Favoriet
Ingredient	Ingrediënt
Peanuts	Pinda'S
Quality	Kwaliteit
Recipe	Recept
Sugar	Suiker
Sweet	Zoet
Taste	Smaak
To Eat	Eten

Circus
Circus

Acrobat	Acrobaat
Animals	Dieren
Balloons	Ballonnen
Candy	Snoep
Clown	Clown
Costume	Kostuum
Elephant	Olifant
Entertain	Vermaken
Juggler	Jongleur
Lion	Leeuw
Magic	Magie
Magician	Goochelaar
Monkey	Aap
Music	Muziek
Parade	Parade
Show	Laat
Spectator	Toeschouwer
Tent	Tent
Tiger	Tijger
Trick	Truc

Climbing
Klimmen

Altitude	Hoogte
Atmosphere	Atmosfeer
Boots	Laarzen
Cave	Grot
Challenges	Uitdagingen
Expert	Deskundige
Gloves	Handschoenen
Guides	Gidsen
Helmet	Helm
Hiking	Wandelen
Injury	Letsel
Map	Kaart
Narrow	Smal
Physical	Fysiek
Stability	Stabiliteit
Strength	Kracht
Terrain	Terrein
Training	Opleiding

Clothes
Kleding

Apron	Schort
Belt	Riem
Blouse	Blouse
Bracelet	Armband
Coat	Jas
Dress	Jurk
Fashion	Mode
Gloves	Handschoenen
Hat	Hoed
Jacket	Jasje
Jeans	Jeans
Jewelry	Sieraden
Pajamas	Pyjama
Pants	Broek
Sandals	Sandalen
Scarf	Sjaal
Shirt	Shirt
Shoe	Schoen
Skirt	Rok
Sweater	Trui

Colors
Kleuren

Azure	Azuur
Beige	Beige
Black	Zwart
Blue	Blauw
Brown	Bruin
Cyan	Cyaan
Fuchsia	Fuchsia
Green	Groen
Grey	Grijs
Indigo	Indigo
Magenta	Magenta
Orange	Oranje
Pink	Roze
Purple	Paars
Red	Rood
Sepia	Sepia
White	Wit
Yellow	Geel

Comedy
Komedie

Actor	Acteur
Actress	Actrice
Applause	Applaus
Audience	Publiek
Clever	Slim
Clowns	Clowns
Expressive	Expressief
Fun	Plezier
Funny	Grappig
Genre	Genre
Humor	Humor
Improvisation	Improvisatie
Jokes	Grappen
Laughter	Gelach
Parody	Parodie
Television	Televisie
Theater	Theater

Conservation
Behoud

Changes	Veranderingen
Chemicals	Chemicaliën
Climate	Klimaat
Concern	Zorg
Cycle	Fiets
Ecosystem	Ecosysteem
Education	Onderwijs
Environmental	Milieu
Green	Groen
Habitat	Habitat
Health	Gezondheid
Natural	Natuurlijk
Organic	Organisch
Pesticide	Pesticide
Pollution	Vervuiling
Recycle	Recycleren
Reduce	Verminderen
Sustainable	Duurzaam
Volunteer	Vrijwilliger
Water	Water

Countries #2
Landen #2

Albania	Albani
Denmark	Denemarken
Ethiopia	Ethiopië
Greece	Griekenland
Haiti	Haïti
Jamaica	Jamaica
Japan	Japan
Laos	Laos
Lebanon	Libanon
Liberia	Liberia
Mexico	Mexico
Nepal	Nepal
Nigeria	Nigeria
Pakistan	Pakistan
Russia	Rusland
Somalia	Somalië
Sudan	Soedan
Syria	Syrië
Uganda	Oeganda
Ukraine	Oekraïne

Dance
Dans

Academy	Academie
Art	Kunst
Body	Lichaam
Choreography	Choreografie
Classical	Klassiek
Cultural	Cultureel
Culture	Cultuur
Emotion	Emotie
Expressive	Expressief
Grace	Genade
Joyful	Blij
Jump	Springen
Movement	Beweging
Music	Muziek
Partner	Partner
Posture	Houding
Rehearsal	Repetitie
Rhythm	Ritme
Traditional	Traditioneel
Visual	Visueel

Days and Months
Dagen en Maanden

April	April
August	Augustus
Calendar	Kalender
February	Februari
Friday	Vrijdag
January	Januari
July	Juli
March	Maart
Monday	Maandag
Month	Maand
November	November
October	Oktober
Saturday	Zaterdag
September	September
Sunday	Zondag
Thursday	Donderdag
Tuesday	Dinsdag
Wednesday	Woensdag
Week	Week
Year	Jaar

Dinosaurs
Dinosaurussen

Carnivore	Carnivoor
Disappearance	Verdwijning
Earth	Aarde
Enormous	Enorm
Evolution	Evolutie
Fossils	Fossielen
Herbivore	Herbivoor
Large	Groot
Mammoth	Mammoet
Omnivore	Omnivoor
Powerful	Krachtig
Prehistoric	Prehistorisch
Prey	Prooi
Raptor	Roofvogel
Reptile	Reptiel
Size	Grootte
Species	Soort
Tail	Staart
Vicious	Vicieuze
Wings	Vleugels

Driving
Rijden

Accident	Ongeluk
Brakes	Remmen
Car	Auto
Danger	Gevaar
Driver	Chauffeur
Fuel	Brandstof
Garage	Garage
Gas	Gas
License	Licentie
Map	Kaart
Motor	Motor
Motorcycle	Motorfiets
Pedestrian	Voetganger
Police	Politie
Road	Weg
Safety	Veiligheid
Speed	Snelheid
Traffic	Verkeer
Truck	Vrachtauto
Tunnel	Tunnel

Ecology
Ecologie

Climate	Klimaat
Diversity	Diversiteit
Drought	Droogte
Fauna	Fauna
Flora	Flora
Global	Globaal
Habitat	Habitat
Marine	Marinier
Marsh	Moeras
Mountains	Bergen
Natural	Natuurlijk
Nature	Natuur
Plants	Planten
Species	Soort
Survival	Overleving
Sustainable	Duurzaam
Variety	Variëteit
Vegetation	Vegetatie
Volunteers	Vrijwilligers

Emotions
Emoties

Anger	Woede
Boredom	Verveling
Calm	Kalm
Content	Inhoud
Embarrassed	Beschaamd
Excited	Opgewonden
Fear	Angst
Grateful	Dankbaar
Joy	Vreugde
Love	Liefde
Peace	Vrede
Relaxed	Ontspannen
Relief	Opluchting
Sadness	Droefheid
Satisfied	Tevreden
Surprise	Verrassing
Sympathy	Sympathie
Tenderness	Tederheid
Tranquility	Rust

Exploration
Exploratie

Activity	Activiteit
Animals	Dieren
Courage	Moed
Cultures	Culturen
Determination	Bepaling
Discovery	Ontdekking
Distant	Ver
Excitement	Opwinding
Exhaustion	Uitputting
Hazards	Gevaren
Language	Taal
New	Nieuw
Perilous	Gevaarlijk
Space	Ruimte
Terrain	Terrein
To Learn	Leren
Travel	Reis
Unknown	Onbekend
Wild	Wild

Family
Familie

Ancestor	Voorouder
Aunt	Tante
Brother	Broer
Child	Kind
Childhood	Jeugd
Children	Kinderen
Daughter	Dochter
Father	Vader
Grandchild	Kleinkind
Grandfather	Opa
Grandmother	Grootmoeder
Grandson	Kleinzoon
Husband	Man
Mother	Moeder
Nephew	Neef
Niece	Nicht
Paternal	Vaderlijk
Sister	Zus
Uncle	Oom
Wife	Vrouw

Farm #1
Boerderij #1

Agriculture	Landbouw
Bee	Bij
Bison	Bizon
Calf	Kalf
Cat	Kat
Chicken	Kip
Cow	Koe
Crow	Kraai
Dog	Hond
Donkey	Ezel
Fence	Hek
Fertilizer	Mest
Field	Veld
Goat	Geit
Hay	Hooi
Honey	Honing
Horse	Paard
Rice	Rijst
Seeds	Zaden
Water	Water

Farm #2
Boerderij #2

Animals	Dieren
Barley	Gerst
Barn	Schuur
Corn	Maïs
Duck	Eend
Farmer	Boer
Food	Voedsel
Fruit	Fruit
Irrigation	Irrigatie
Lamb	Lam
Llama	Lama
Meadow	Weide
Milk	Melk
Orchard	Boomgaard
Sheep	Schaap
Shepherd	Herder
Tractor	Tractor
Vegetable	Groente
Wheat	Tarwe
Windmill	Windmolen

Fishing
Vissen

Bait	Aas
Basket	Mand
Beach	Strand
Boat	Boot
Cook	Kok
Equipment	Apparatuur
Exaggeration	Overdrijving
Fins	Vinnen
Gills	Kieuwen
Hook	Haak
Jaw	Kaak
Lake	Meer
Ocean	Oceaan
Patience	Geduld
River	Rivier
Season	Seizoen
Water	Water
Weight	Gewicht
Wire	Draad

Flowers
Bloemen

Bouquet	Boeket
Clover	Klaver
Daffodil	Narcis
Daisy	Madeliefje
Dandelion	Paardebloem
Gardenia	Gardenia
Hibiscus	Hibiscus
Jasmine	Jasmijn
Lavender	Lavendel
Lilac	Lila
Lily	Lelie
Magnolia	Magnolia
Orchid	Orchidee
Passionflower	Passiebloem
Peony	Pioenroos
Petal	Bloemblad
Plumeria	Plumeria
Poppy	Papaver
Sunflower	Zonnebloem
Tulip	Tulp

Food #1
Eten #1

Apricot	Abrikoos
Barley	Gerst
Basil	Basilicum
Carrot	Wortel
Cinnamon	Kaneel
Garlic	Knoflook
Juice	Sap
Lemon	Citroen
Milk	Melk
Onion	Ui
Peanut	Pinda
Pear	Peer
Salad	Salade
Salt	Zout
Soup	Soep
Spinach	Spinazie
Strawberry	Aardbei
Sugar	Suiker
Tuna	Tonijn
Turnip	Raap

Food #2
Eten #2

Apple	Appel
Artichoke	Artisjok
Banana	Banaan
Broccoli	Broccoli
Celery	Selderij
Cheese	Kaas
Cherry	Kers
Chicken	Kip
Chocolate	Chocolade
Egg	Ei
Eggplant	Aubergine
Fish	Vis
Grape	Druif
Ham	Ham
Kiwi	Kiwi
Mushroom	Paddestoel
Rice	Rijst
Tomato	Tomaat
Wheat	Tarwe
Yogurt	Yoghurt

Fruit
Fruit

Apple	Appel
Apricot	Abrikoos
Avocado	Avocado
Banana	Banaan
Berry	Bes
Cherry	Kers
Coconut	Kokosnoot
Fig	Vijg
Grape	Druif
Guava	Guave
Kiwi	Kiwi
Lemon	Citroen
Mango	Mango
Melon	Meloen
Nectarine	Nectarine
Papaya	Papaja
Peach	Perzik
Pear	Peer
Pineapple	Ananas
Raspberry	Framboos

Furniture
Meubels

Armchair	Fauteuil
Bed	Bed
Bench	Bank
Bookcase	Boekenkast
Chair	Stoel
Comforters	Dekbedden
Curtains	Gordijnen
Cushions	Kussens
Desk	Bureau
Dresser	Dressoir
Futon	Futon
Hammock	Hangmat
Lamp	Lamp
Mattress	Matras
Mirror	Spiegel
Pillow	Kussen
Rug	Tapijt
Shelves	Planken

Garden
Tuin

Bench	Bank
Bush	Struik
Fence	Hek
Flower	Bloem
Garage	Garage
Garden	Tuin
Grass	Gras
Hammock	Hangmat
Hose	Slang
Lawn	Gazon
Orchard	Boomgaard
Pond	Vijver
Porch	Veranda
Rake	Hark
Shovel	Schop
Terrace	Terras
Trampoline	Trampoline
Tree	Boom
Vine	Wijnstok
Weeds	Onkruid

Geography
Geografie

Altitude	Hoogte
Atlas	Atlas
City	Stad
Continent	Continent
Country	Land
Hemisphere	Halfrond
Island	Eiland
Latitude	Breedtegraad
Map	Kaart
Meridian	Meridiaan
Mountain	Berg
North	Noorden
Ocean	Oceaan
Region	Regio
River	Rivier
Sea	Zee
South	Zuiden
Territory	Grondgebied
West	Westen
World	Wereld

Geology
Geologie

Acid	Zuur
Calcium	Calcium
Cavern	Grot
Continent	Continent
Coral	Koraal
Crystals	Kristallen
Cycles	Cycli
Earthquake	Aardbeving
Erosion	Erosie
Fossil	Fossiel
Geyser	Geiser
Lava	Lava
Layer	Laag
Minerals	Mineralen
Plateau	Plateau
Quartz	Kwarts
Salt	Zout
Stalactite	Stalactiet
Stone	Steen
Volcano	Vulkaan

Hair Types
Haartypes

Bald	Kaal
Black	Zwart
Blond	Blond
Braided	Gevlochten
Braids	Vlechten
Brown	Bruin
Colored	Gekleurd
Curls	Krullen
Curly	Krullend
Dry	Droog
Gray	Grijs
Healthy	Gezond
Long	Lang
Shiny	Glimmend
Short	Kort
Soft	Zacht
Thick	Dik
Thin	Dun
Wavy	Golvend
White	Wit

Herbalism
Herbalisme

Aromatic	Aromatisch
Basil	Basilicum
Beneficial	Voordelig
Culinary	Culinair
Fennel	Venkel
Flavor	Smaak
Flower	Bloem
Garden	Tuin
Garlic	Knoflook
Green	Groen
Ingredient	Ingrediënt
Lavender	Lavendel
Marjoram	Marjolein
Mint	Munt
Oregano	Oregano
Parsley	Peterselie
Plant	Plant
Rosemary	Rozemarijn
Saffron	Saffraan
Tarragon	Dragon

Hiking
Wandelen

Animals	Dieren
Boots	Laarzen
Camping	Kamperen
Cliff	Klif
Climate	Klimaat
Guides	Gidsen
Hazards	Gevaren
Heavy	Zwaar
Map	Kaart
Mountain	Berg
Nature	Natuur
Orientation	Oriëntatie
Parks	Parken
Preparation	Voorbereiding
Stones	Stenen
Summit	Top
Sun	Zon
Tired	Moe
Water	Water
Wild	Wild

House
Huis

Attic	Zolder
Broom	Bezem
Curtains	Gordijnen
Door	Deur
Fence	Hek
Fireplace	Haard
Floor	Vloer
Furniture	Meubilair
Garage	Garage
Garden	Tuin
Keys	Sleutels
Kitchen	Keuken
Lamp	Lamp
Library	Bibliotheek
Mirror	Spiegel
Roof	Dak
Room	Kamer
Shower	Douche
Wall	Muur
Window	Raam

Human Body
Menselijk Lichaam

Ankle	Enkel
Blood	Bloed
Bones	Botten
Brain	Hersenen
Chin	Kin
Ear	Oor
Elbow	Elleboog
Face	Gezicht
Finger	Vinger
Hand	Hand
Head	Hoofd
Heart	Hart
Jaw	Kaak
Knee	Knie
Leg	Been
Mouth	Mond
Neck	Nek
Nose	Neus
Shoulder	Schouder
Skin	Huid

Insects
Insecten

Ant	Mier
Aphid	Bladluis
Bee	Bij
Beetle	Kever
Butterfly	Vlinder
Cicada	Cicade
Cockroach	Kakkerlak
Dragonfly	Libel
Flea	Vlo
Grasshopper	Sprinkhaan
Hornet	Horzel
Larva	Larve
Mantis	Bidsprinkhaan
Mosquito	Mug
Moth	Mot
Termite	Termiet
Wasp	Wesp
Worm	Worm

Kitchen
Keuken

Apron	Schort
Bowl	Kom
Chopsticks	Eetstokjes
Cups	Cup
Food	Voedsel
Forks	Vorken
Freezer	Vriezer
Grill	Grill
Jar	Pot
Jug	Kruik
Kettle	Ketel
Knives	Messen
Napkin	Servet
Oven	Oven
Recipe	Recept
Refrigerator	Koelkast
Spices	Specerijen
Sponge	Spons
Spoons	Lepels
To Eat	Eten

Landscapes
Landschappen

Beach	Strand
Cave	Grot
Desert	Woestijn
Geyser	Geiser
Glacier	Gletsjer
Hill	Heuvel
Iceberg	Ijsberg
Island	Eiland
Lake	Meer
Mountain	Berg
Oasis	Oase
Ocean	Oceaan
Peninsula	Schiereiland
River	Rivier
Sea	Zee
Swamp	Moeras
Tundra	Toendra
Valley	Vallei
Volcano	Vulkaan
Waterfall	Waterval

Literature
Literatuur

Analogy	Analogie
Analysis	Analyse
Anecdote	Anekdote
Author	Auteur
Biography	Biografie
Comparison	Vergelijking
Conclusion	Conclusie
Description	Omschrijving
Dialogue	Dialoog
Fiction	Fictie
Metaphor	Metafoor
Narrator	Verteller
Novel	Roman
Poem	Gedicht
Poetic	Poëtisch
Rhyme	Rijm
Rhythm	Ritme
Style	Stijl
Theme	Thema
Tragedy	Tragedie

Mammals
Zoogdieren

Bear	Beer
Beaver	Bever
Bull	Stier
Cat	Kat
Coyote	Coyote
Dog	Hond
Dolphin	Dolfijn
Elephant	Olifant
Fox	Vos
Giraffe	Giraf
Gorilla	Gorilla
Horse	Paard
Kangaroo	Kangoeroe
Lion	Leeuw
Monkey	Aap
Rabbit	Konijn
Sheep	Schaap
Whale	Walvis
Wolf	Wolf
Zebra	Zebra

Math
Wiskunde

Angles	Hoeken
Arithmetic	Rekenkundig
Circumference	Omtrek
Decimal	Decimaal
Diameter	Diameter
Division	Divisie
Equation	Vergelijking
Exponent	Exponent
Fraction	Fractie
Geometry	Geometrie
Numbers	Cijfers
Parallel	Parallel
Polygon	Veelhoek
Radius	Straal
Rectangle	Rechthoek
Square	Vierkant
Sum	Som
Symmetry	Symmetrie
Triangle	Driehoek
Volume	Volume

Measurements
Metingen

Byte	Byte
Centimeter	Centimeter
Decimal	Decimaal
Degree	Graad
Depth	Diepte
Gram	Gram
Height	Hoogte
Inch	Inch
Kilogram	Kilogram
Kilometer	Kilometer
Length	Lengte
Liter	Liter
Mass	Massa
Meter	Meter
Minute	Minuut
Ounce	Ons
Ton	Ton
Volume	Volume
Weight	Gewicht
Width	Breedte

Meditation
Meditatie

Acceptance	Aanvaarding
Attention	Aandacht
Awake	Wakker
Breathing	Ademhaling
Calm	Kalm
Clarity	Helderheid
Compassion	Mededogen
Emotions	Emoties
Gratitude	Dankbaarheid
Happiness	Geluk
Mental	Mentaal
Mind	Geest
Movement	Beweging
Music	Muziek
Nature	Natuur
Peace	Vrede
Perspective	Perspectief
Silence	Stilte
Thoughts	Gedachten
To Learn	Leren

Musical Instruments
Muziekinstrumenten

Banjo	Banjo
Bassoon	Fagot
Cello	Cello
Chimes	Klokkenspel
Clarinet	Klarinet
Drum	Trommel
Flute	Fluit
Gong	Gong
Guitar	Gitaar
Harp	Harp
Mandolin	Mandoline
Marimba	Marimba
Oboe	Hobo
Percussion	Percussie
Piano	Piano
Saxophone	Saxofoon
Tambourine	Tamboerijn
Trombone	Trombone
Trumpet	Trompet
Violin	Viool

Mythology
Mythologie

Archetype	Archetype
Behavior	Gedrag
Beliefs	Overtuigingen
Creation	Creatie
Creature	Wezen
Culture	Cultuur
Deities	Godheden
Disaster	Ramp
Heaven	Hemel
Hero	Held
Jealousy	Jaloezie
Labyrinth	Doolhof
Legend	Legende
Lightning	Bliksem
Monster	Monster
Mortal	Sterfelijk
Revenge	Wraak
Strength	Kracht
Thunder	Donder
Warrior	Krijger

Nature
Natuur

Animals	Dieren
Arctic	Arctisch
Beauty	Schoonheid
Bees	Bijen
Cliffs	Klippen
Clouds	Wolken
Desert	Woestijn
Dynamic	Dynamisch
Erosion	Erosie
Fog	Mist
Foliage	Gebladerte
Forest	Bos
Glacier	Gletsjer
Peaceful	Rustig
River	Rivier
Sanctuary	Heiligdom
Serene	Sereen
Tropical	Tropisch
Vital	Vitaal
Wild	Wild

Numbers
Getallen

Decimal	Decimaal
Eight	Acht
Eighteen	Achttien
Fifteen	Vijftien
Five	Vijf
Four	Vier
Fourteen	Veertien
Nine	Negen
Nineteen	Negentien
One	Een
Seven	Zeven
Seventeen	Zeventien
Six	Zes
Sixteen	Zestien
Ten	Tien
Thirteen	Dertien
Three	Drie
Twelve	Twaalf
Twenty	Twintig
Two	Twee

Nutrition
Voeding

Appetite	Eetlust
Balanced	Evenwichtig
Bitter	Bitter
Calories	Calorieën
Carbohydrates	Koolhydraten
Diet	Dieet
Edible	Eetbaar
Fermentation	Fermentatie
Flavor	Smaak
Health	Gezondheid
Healthy	Gezond
Liquids	Vloeistoffen
Nutrient	Voedingsstof
Proteins	Eiwitten
Quality	Kwaliteit
Sauce	Saus
Spices	Specerijen
Toxin	Toxine
Vitamin	Vitamine
Weight	Gewicht

Ocean
Oceaan

Algae	Algen
Coral	Koraal
Crab	Krab
Dolphin	Dolfijn
Eel	Aal
Fish	Vis
Jellyfish	Kwal
Octopus	Octopus
Oyster	Oester
Reef	Rif
Salt	Zout
Seaweed	Zeewier
Shark	Haai
Shrimp	Garnaal
Sponge	Spons
Storm	Storm
Tides	Getijden
Tuna	Tonijn
Turtle	Schildpad
Whale	Walvis

Pets
Huisdieren

Cat	Kat
Claws	Klauwen
Collar	Kraag
Cow	Koe
Dog	Hond
Fish	Vis
Food	Voedsel
Goat	Geit
Hamster	Hamster
Kitten	Katje
Lizard	Hagedis
Mouse	Muis
Parrot	Papegaai
Paws	Poten
Puppy	Puppy
Rabbit	Konijn
Tail	Staart
Turtle	Schildpad
Veterinarian	Dierenarts
Water	Water

Pirates
Piraten

Adventure	Avontuur
Anchor	Anker
Bad	Slecht
Beach	Strand
Captain	Kapitein
Cave	Grot
Coins	Munten
Compass	Kompas
Crew	Bemanning
Danger	Gevaar
Flag	Vlag
Gold	Goud
Island	Eiland
Legend	Legende
Map	Kaart
Parrot	Papegaai
Rum	Rum
Scar	Litteken
Sword	Zwaard
Treasure	Schat

Plants
Installaties

Bamboo	Bamboe
Bean	Boon
Berry	Bes
Botany	Plantkunde
Bush	Struik
Cactus	Cactus
Fertilizer	Mest
Flora	Flora
Flower	Bloem
Foliage	Gebladerte
Forest	Bos
Garden	Tuin
Grass	Gras
Ivy	Klimop
Moss	Mos
Petal	Bloemblad
Root	Wortel
Stem	Stengel
Tree	Boom
Vegetation	Vegetatie

Professions #1
Beroepen #1

Ambassador	Ambassadeur
Astronomer	Astronoom
Attorney	Advocaat
Banker	Bankier
Cartographer	Cartograaf
Coach	Trainer
Dancer	Danser
Doctor	Dokter
Editor	Editor
Geologist	Geoloog
Hunter	Jager
Jeweler	Juwelier
Musician	Muzikant
Nurse	Verpleegster
Pianist	Pianist
Plumber	Loodgieter
Psychologist	Psycholoog
Sailor	Matroos
Tailor	Kleermaker
Veterinarian	Dierenarts

Professions #2
Beroepen #2

Astronaut	Astronaut
Biologist	Bioloog
Dentist	Tandarts
Detective	Detective
Engineer	Ingenieur
Farmer	Boer
Gardener	Tuinman
Illustrator	Illustrator
Inventor	Uitvinder
Journalist	Journalist
Linguist	Linguïst
Painter	Schilder
Philosopher	Filosoof
Photographer	Fotograaf
Physician	Arts
Pilot	Piloot
Researcher	Onderzoeker
Surgeon	Chirurg
Teacher	Leraar
Zoologist	Zoöloog

Rainforest
Regenwoud

Amphibians	Amfibieën
Birds	Vogels
Botanical	Botanisch
Climate	Klimaat
Clouds	Wolken
Community	Gemeenschap
Diversity	Diversiteit
Indigenous	Inheems
Insects	Insecten
Jungle	Jungle
Mammals	Zoogdieren
Moss	Mos
Nature	Natuur
Preservation	Behoud
Refuge	Toevlucht
Respect	Respect
Restoration	Restauratie
Species	Soort
Survival	Overleving
Valuable	Waardevol

Restaurant #1
Restaurant #1

Allergy	Allergie
Bowl	Kom
Bread	Brood
Cashier	Kassier
Chicken	Kip
Coffee	Koffie
Dessert	Toetje
Food	Voedsel
Ingredients	Ingrediënten
Kitchen	Keuken
Knife	Mes
Meat	Vlees
Menu	Menu
Napkin	Servet
Plate	Bord
Reservation	Reservering
Sauce	Saus
Spicy	Pittig
To Eat	Eten
Waitress	Serveerster

Restaurant #2
Restaurant #2

Beverage	Drank
Cake	Cake
Chair	Stoel
Delicious	Heerlijk
Dinner	Diner
Eggs	Eieren
Fish	Vis
Fork	Vork
Fruit	Fruit
Ice	Ijs
Lunch	Lunch
Noodles	Noedels
Salad	Salade
Salt	Zout
Soup	Soep
Spices	Specerijen
Spoon	Lepel
Vegetables	Groente
Waiter	Ober
Water	Water

School #1
School #1

Alphabet	Alfabet
Answers	Antwoorden
Books	Boeken
Chair	Stoel
Classroom	Klaslokaal
Desk	Bureau
Exams	Examens
Folders	Mappen
Friends	Vrienden
Fun	Plezier
Library	Bibliotheek
Lunch	Lunch
Math	Wiskunde
Paper	Papier
Pencil	Potlood
Pens	Pennen
Quiz	Quiz
Teacher	Leraar
To Learn	Leren
To Write	Schrijven

School #2
School #2

Academic	Academisch
Activities	Activiteiten
Backpack	Rugzak
Books	Boeken
Bus	Bus
Calendar	Kalender
Computer	Computer
Dictionary	Woordenboek
Education	Onderwijs
Eraser	Gom
Grammar	Grammatica
Library	Bibliotheek
Literature	Literatuur
Paper	Papier
Pencil	Potlood
Science	Wetenschap
Scissors	Schaar
Supplies	Benodigdheden
Teacher	Leraar
Weekends	Weekend

Science
Wetenschap

Atom	Atoom
Chemical	Chemisch
Climate	Klimaat
Data	Gegevens
Evolution	Evolutie
Experiment	Experiment
Fact	Feit
Fossil	Fossiel
Gravity	Zwaartekracht
Hypothesis	Hypothese
Laboratory	Laboratorium
Method	Methode
Minerals	Mineralen
Molecules	Moleculen
Nature	Natuur
Organism	Organisme
Particles	Deeltjes
Physics	Natuurkunde
Plants	Planten
Scientist	Wetenschapper

Science Fiction
Meer Informatie

Atomic	Atoom
Books	Boeken
Chemicals	Chemicaliën
Cinema	Bioscoop
Clones	Klonen
Dystopia	Dystopie
Explosion	Explosie
Extreme	Extreem
Fantastic	Fantastisch
Fire	Brand
Futuristic	Futuristisch
Illusion	Illusie
Imaginary	Denkbeeldig
Mysterious	Mysterieus
Oracle	Orakel
Planet	Planeet
Robots	Robots
Technology	Technologie
Utopia	Utopie
World	Wereld

Scientific Disciplines
Wetenschappelijke Discip

Anatomy	Anatomie
Archaeology	Archeologie
Astronomy	Astronomie
Biochemistry	Biochemie
Biology	Biologie
Botany	Plantkunde
Chemistry	Chemie
Ecology	Ecologie
Geology	Geologie
Immunology	Immunologie
Kinesiology	Kinesiologie
Linguistics	Taalkunde
Mechanics	Mechanica
Meteorology	Meteorologie
Mineralogy	Mineralogie
Neurology	Neurologie
Physiology	Fysiologie
Psychology	Psychologie
Sociology	Sociologie
Zoology	Zoölogie

Shapes
Vormen

Arc	Boog
Circle	Cirkel
Cone	Kegel
Corner	Hoek
Cube	Kubus
Curve	Curve
Cylinder	Cilinder
Edges	Randen
Hyperbola	Hyperbool
Line	Lijn
Oval	Ovaal
Polygon	Veelhoek
Prism	Prisma
Pyramid	Piramide
Rectangle	Rechthoek
Round	Ronde
Side	Kant
Sphere	Bol
Square	Vierkant
Triangle	Driehoek

Spices
Specerijen

Anise	Anijs
Bitter	Bitter
Cardamom	Kardemom
Cinnamon	Kaneel
Clove	Kruidnagel
Coriander	Koriander
Cumin	Komijn
Curry	Kerrie
Fennel	Venkel
Fenugreek	Fenegriek
Flavor	Smaak
Garlic	Knoflook
Ginger	Gember
Nutmeg	Nootmuskaat
Onion	Ui
Paprika	Paprika
Saffron	Saffraan
Salt	Zout
Sweet	Zoet
Vanilla	Vanille

Sports
Sport

Athlete	Atleet
Baseball	Honkbal
Basketball	Basketbal
Bicycle	Fiets
Championship	Kampioenschap
Coach	Trainer
Game	Spel
Golf	Golf
Gymnasium	Gymnasium
Gymnastics	Gymnastiek
Hockey	Hockey
Movement	Beweging
Player	Speler
Stadium	Stadion
Team	Team
Tennis	Tennis
To Swim	Zwemmen
Winner	Winnaar

Summer
Zomer

Beach	Strand
Books	Boeken
Camping	Kamperen
Diving	Duiken
Family	Familie
Food	Voedsel
Friends	Vrienden
Games	Games
Garden	Tuin
Home	Huis
Joy	Vreugde
Leisure	Vrije Tijd
Music	Muziek
Relaxation	Ontspanning
Sandals	Sandalen
Sea	Zee
Stars	Sterren
To Swim	Zwemmen
Travel	Reis
Vacation	Vakantie

Surfing
Surfen

Athlete	Atleet
Beach	Strand
Beginner	Beginner
Champion	Kampioen
Crowds	Menigte
Extreme	Extreem
Foam	Schuim
Fun	Plezier
Ocean	Oceaan
Paddle	Peddelen
Popular	Populair
Reef	Rif
Speed	Snelheid
Spray	Spray
Stomach	Maag
Strength	Kracht
Style	Stijl
To Swim	Zwemmen
Wave	Golf
Weather	Weer

Technology
Technologie

Blog	Blog
Browser	Browser
Bytes	Bytes
Camera	Camera
Computer	Computer
Cursor	Cursor
Data	Gegevens
Digital	Digitaal
File	Bestand
Font	Lettertype
Internet	Internet
Message	Bericht
Research	Onderzoek
Screen	Scherm
Security	Veiligheid
Software	Software
Statistics	Statistiek
Virtual	Virtueel
Virus	Virus

Time
Tijd

Annual	Jaarlijks
Before	Voor
Calendar	Kalender
Century	Eeuw
Clock	Klok
Day	Dag
Decade	Decennium
Early	Vroeg
Future	Toekomst
Hour	Uur
Minute	Minuut
Month	Maand
Morning	Ochtend
Night	Nacht
Noon	Middag
Now	Nu
Soon	Spoedig
Today	Vandaag
Week	Week
Year	Jaar

To Fill
Om in te Vullen

Barrel	Vat
Basin	Bekken
Basket	Mand
Bottle	Fles
Box	Doos
Bucket	Emmer
Carton	Karton
Crate	Krat
Drawer	Lade
Envelope	Envelop
Folder	Map
Jar	Pot
Packet	Pakje
Pocket	Zak
Suitcase	Koffer
Tray	Dienblad
Tube	Buis
Vase	Vaas

Town
Stad

Airport	Luchthaven
Bakery	Bakkerij
Bank	Bank
Bookstore	Boekhandel
Cinema	Bioscoop
Clinic	Kliniek
Florist	Bloemist
Gallery	Galerij
Hotel	Hotel
Library	Bibliotheek
Market	Markt
Museum	Museum
Pharmacy	Apotheek
School	School
Stadium	Stadion
Store	Winkel
Supermarket	Supermarkt
Theater	Theater
University	Universiteit
Zoo	Dierentuin

Toys
Speelgoed

Airplane	Vliegtuig
Ball	Bal
Bicycle	Fiets
Boat	Boot
Books	Boeken
Car	Auto
Chess	Schaak
Clay	Klei
Crafts	Ambachten
Doll	Pop
Drums	Drums
Favorite	Favoriet
Games	Games
Imagination	Verbeelding
Kite	Vlieger
Paints	Verf
Puzzle	Puzzel
Robot	Robot
Train	Trein
Truck	Vrachtauto

Vacation #2
Vakantie #2

Airport	Luchthaven
Beach	Strand
Camping	Kamperen
Destination	Bestemming
Foreign	Buitenlands
Foreigner	Buitenlander
Holiday	Vakantie
Hotel	Hotel
Island	Eiland
Journey	Reis
Leisure	Vrije Tijd
Map	Kaart
Mountains	Bergen
Passport	Paspoort
Sea	Zee
Taxi	Taxi
Tent	Tent
Train	Trein
Transportation	Vervoer
Visa	Visum

Vegetables
Groenten

Artichoke	Artisjok
Broccoli	Broccoli
Carrot	Wortel
Cauliflower	Bloemkool
Celery	Selderij
Cucumber	Komkommer
Eggplant	Aubergine
Garlic	Knoflook
Ginger	Gember
Mushroom	Paddestoel
Onion	Ui
Parsley	Peterselie
Pea	Erwt
Pumpkin	Pompoen
Radish	Radijs
Salad	Salade
Shallot	Sjalot
Spinach	Spinazie
Tomato	Tomaat
Turnip	Raap

Vehicles
Voertuigen

Airplane	Vliegtuig
Ambulance	Ambulance
Bicycle	Fiets
Boat	Boot
Bus	Bus
Car	Auto
Caravan	Caravan
Ferry	Veerboot
Helicopter	Helikopter
Motor	Motor
Raft	Vlot
Rocket	Raket
Scooter	Scooter
Shuttle	Shuttle
Submarine	Onderzeeër
Subway	Metro
Taxi	Taxi
Tires	Banden
Tractor	Tractor
Truck	Vrachtauto

Virtues #1
1 Jaar Geleden

Artistic	Artistiek
Charming	Charmant
Clean	Schoon
Confident	Zelfverzekerd
Curious	Nieuwsgierig
Decisive	Beslissend
Efficient	Efficiënt
Funny	Grappig
Generous	Gul
Good	Goed
Helpful	Behulpzaam
Independent	Onafhankelijk
Intelligent	Intelligent
Modest	Bescheiden
Passionate	Gepassioneerd
Patient	Patiënt
Practical	Praktisch
Reliable	Betrouwbaar
Wise	Wijs

Visual Arts
Beeldende Kunsten

Architecture	Architectuur
Artist	Artiest
Ceramics	Keramiek
Chalk	Krijt
Charcoal	Houtskool
Clay	Klei
Composition	Samenstelling
Creativity	Creativiteit
Easel	Ezel
Film	Film
Masterpiece	Meesterwerk
Painting	Schilderij
Pen	Pen
Pencil	Potlood
Perspective	Perspectief
Photograph	Foto
Portrait	Portret
Sculpture	Beeldhouwwerk
Stencil	Stencil
Wax	Was

Water
Water

Canal	Kanaal
Damp	Vochtig
Evaporation	Verdamping
Flood	Overstroming
Frost	Vorst
Geyser	Geiser
Humidity	Vochtigheid
Hurricane	Orkaan
Ice	Ijs
Irrigation	Irrigatie
Lake	Meer
Moisture	Vocht
Monsoon	Moesson
Ocean	Oceaan
Rain	Regen
River	Rivier
Shower	Douche
Snow	Sneeuw
Steam	Stoom
Waves	Golven

Weather
Weersomstandigheden

Atmosphere	Atmosfeer
Breeze	Bries
Climate	Klimaat
Cloud	Wolk
Drought	Droogte
Dry	Droog
Fog	Mist
Hurricane	Orkaan
Ice	Ijs
Lightning	Bliksem
Monsoon	Moesson
Polar	Polair
Rainbow	Regenboog
Sky	Hemel
Storm	Storm
Temperature	Temperatuur
Thunder	Donder
Tornado	Tornado
Tropical	Tropisch
Wind	Wind

Congratulations

You made it!

We hope you enjoyed this book as much as we enjoyed making it. We do our best to make high quality games.
These puzzles are designed in a clever way for you to learn actively while having fun!

Did you love them?

A Simple Request

Our books exist thanks your reviews. Could you help us by leaving one now?

Here is a short link which will take you to your order review page:

BestBooksActivity.com/Review50

MONSTER CHALLENGE!

Challenge #1

Ready for Your Bonus Game? We use them all the time but they are not so easy to find. Here are **Synonyms**!

Note 5 words you discovered in each of the Puzzles noted below (#21, #36, #76) and try to find 2 synonyms for each word.

Note 5 Words from **Puzzle 21**

Words	Synonym 1	Synonym 2

Note 5 Words from **Puzzle 36**

Words	Synonym 1	Synonym 2

Note 5 Words from **Puzzle 76**

Words	Synonym 1	Synonym 2

Challenge #2

Now that you are warmed-up, note 5 words you discovered in each Puzzle noted below (#9, #17, #25) and try to find 2 antonyms for each word. How many lines can you do in 20 minutes?

Note 5 Words from **Puzzle 9**

Words	Antonym 1	Antonym 2

Note 5 Words from **Puzzle 17**

Words	Antonym 1	Antonym 2

Note 5 Words from **Puzzle 25**

Words	Antonym 1	Antonym 2

Challenge #3

Wonderful, this monster challenge is nothing to you!

Ready for the last one? Choose your 10 favorite words discovered in any of the Puzzles and note them below.

1.	6.
2.	7.
3.	8.
4.	9.
5.	10.

Now, using these words and within a maximum of six sentences, your challenge is to compose a text about a person, animal or place that you love!

Tip: You can use the last blank page of this book as a draft!

Your Writing:

Explore a Unique Store Set Up **FOR YOU!**

MEGA DEALS

BestActivityBooks.com/**TheStore**

Designed for Entertainment!

Light Up Your Brain With Unique **Gift Ideas**.

Access **Surprising** And **Essential Supplies!**

CHECK OUT OUR MONTHLY SELECTION NOW!

- **Expertly Crafted Products** -

NOTEBOOK:

SEE YOU SOON!

Linguas Classics Team